专业学位论文
开题、写作与答辩

○ 贾旭东　著

中国人民大学出版社
·北京·

图书在版编目（CIP）数据

专业学位论文开题、写作与答辩/贾旭东著 . -- 北京：中国人民大学出版社，2022.9
ISBN 978-7-300-30852-4

Ⅰ.①专…　Ⅱ.①贾…　Ⅲ.①学位论文—写作　Ⅳ.
①G643.8

中国版本图书馆 CIP 数据核字（2022）第 133192 号

专业学位论文开题、写作与答辩
贾旭东　著
Zhuanye Xuewei Lunwen Kaiti、Xiezuo yu Dabian

出版发行	中国人民大学出版社				
社　　址	北京中关村大街 31 号		**邮政编码**	100080	
电　　话	010 - 62511242（总编室）		010 - 62511770（质管部）		
	010 - 82501766（邮购部）		010 - 62514148（门市部）		
	010 - 62515195（发行公司）		010 - 62515275（盗版举报）		
网　　址	http://www.crup.com.cn				
经　　销	新华书店				
印　　刷	唐山玺诚印务有限公司				
规　　格	170 mm×240 mm　16 开本		**版　　次**	2022 年 9 月第 1 版	
印　　张	11.75 插页 2		**印　　次**	2022 年 12 月第 3 次印刷	
字　　数	168 000		**定　　价**	49.00 元	

前　言

　　我从事 MBA（工商管理硕士）专业学位论文指导工作已经十多年了，每年都会指导十几位 MBA、EMBA（高级管理人员工商管理硕士）、IMBA（国际工商管理硕士）学生的学位论文，并参加专业学位论文的答辩工作。同时，作为教育部学位与研究生教育发展中心的评审专家，我每年都会在教育部平台上评审其他学校应届或往届的专业学位论文。

　　我在长期的论文指导、答辩、评审工作中发现，专业学位论文里有很多共性问题，上一届学生可能存在的问题，下一届学生又会出现。大多数学生在硕士专业学位论文的写作方面是新手，未经历过系统的从开题、写作到答辩的学习过程。所以，兰州大学管理学院专门开设了有关专业学位论文写作的课程，我每年都会给我指导的学生讲授专业学位论文写作的要求和开题、答辩的注意事项。

　　2020 年，湾区 MBA 精英俱乐部（深圳市企业科技创新促进会 MBA 专业委员会）邀请我围绕 MBA/EMBA 学位论文的开题、写作与答辩做了四次直播，我也借此机会将多年来指导专业学位论文的经验进行了梳理和总结。

　　10 月 10 日晚，直播题目为《MBA、EMBA 毕业论文开题、写作与答辩全攻略》，完整地介绍了 MBA/EMBA 学位论文从开题、写作到答辩的整个过程以及其中要注意的问题。

　　10 月 22 日晚，直播题目为《MBA、EMBA 战略管理方向毕业论文写作指南》，内容紧密衔接上次直播，完整介绍了战略管理方向学位论文的写作要点，也可供其他专业方向的同学参考借鉴。

11月22日晚，直播题目为《MBA、EMBA论文写作答疑直播》，围绕前两次直播的内容，为同学们答疑解惑。

11月29日晚，邀请我指导过学位论文的兰州大学2020届MBA毕业生王胜利同学做直播，题目为《MBA论文开题、写作、答辩经验分享——AAA论文生成记》。他从学生视角，以其获得3A（外审获得两个优秀，答辩获得优秀）的学位论文为范本，分享了他经历开题、写作到答辩整个过程的宝贵经验和心得。

该系列直播在全国MBA院校学生中引发热烈反响，累计播放量已超过5.3万人次。直播文字稿经过初步整理后，在我的个人公众号"贾语箴言"发布，得到了各院校专业学位学生的大量转发，总阅读量近2万人次。

本书就是在这个系列直播的基础上完成的，我对直播讲解的内容进行了整理、补充和完善，希望能够为专业学位学生提供专业学位论文开题、写作与答辩的指南。

本书分为四章，第一章是"专业学位论文的选题与开题"，介绍了专业学位论文在选题与开题过程中要注意的问题，以及开题报告的撰写要点。第二章是"专业学位论文的写作、送审与答辩"，介绍了专业学位论文在写作中要注意的主要问题，并对同学们的论文写作提出了一些建议，也介绍了论文从查重到答辩的基本程序及应对攻略。第三章是"MBA/EMBA战略管理方向学位论文写作指南"，介绍了MBA/EMBA战略管理方向学位论文写作要点，从选题、开题、写作到答辩，都提出了具体的意见和建议，最后一节收录了有关这一话题的一些问答。第四章是"MBA/EMBA学位论文写作答疑"，主要整理自第三次直播的在线问答，分为选题、开题、写作与其他共四部分，可供正在攻读专业学位的读者参考。

为便于同学们阅读和理解，我没有把本书写成一本学术著作，而是保留了直播现场的讲授风格和一些口语化的表述，就像和同学们面对面谈心一样，推心置腹，娓娓道来，用通俗、直白、简单的语言，深入浅出地剖析和讲解专业学位论文选题、开题、写作到答辩过程中的重要问题，助力同学们顺利完成这一写作过程。本书中的很多内容来自我多年指导专业学位论文写作，参加专业学位论文评审、开题与答辩等工作的经验总结，是站在专业学位论文指导老师的视角给同学们提出的建议。同时，为便于同学们更好地吸收和理解前四章的内容，本书还特别增加了附录。

附录1根据王胜利同学的直播文字稿整理而成，他是兰州大学管理学院MBA班的"学霸"，一人独得8门课程全班第一的成绩，毕业论文获得3A。他从一个MBA专业学位论文写作亲历者的角度分享自己的心得体会，其中有很多宝贵经验可供读者参考。附录2是我以王胜利同学的专业学位论文为范本进行的点评，从封面到致谢的每个部分都以批注的形式讲述了要点和常见问题，与本书正文中的内容前后呼应，同学们能够更加直观地体会和理解论文不同部分的写作要点和常见问题（为减少篇幅以便同学们从整体上把握论文要求，附录2仅展示了论文修订稿的基本框架）。

将本书正文及附录1和附录2结合起来，可以使正走在专业学位论文写作之路上的新手对这段精彩旅程有一个全方位、多角度的了解，如同拿到了一份3D导航图和旅行攻略，可以消除出发前的不安与焦虑，避开路上那些常见的"坑"，顺利到达目的地。

另外，附录3收录了关于专业学位教育的相关文件，同学们在论文写作过程中可以查阅参考。

本书面向的读者是正在攻读工商管理专业各类专业学位，如MBA、EMBA、IMBA等的同学，书中主要内容是按照MBA学位论文的基本要求来介绍的，EMBA和IMBA学位论文与此大同小异。其他相关专业的专业学位论文写作者也可参考使用。

还要叮嘱大家两点，这是我每年对指导的学生反复强调的。

第一点：学位论文写作是专业学位同学学习过程中的关键环节。在开始准备学位论文的开题、写作时，必须首先搞清楚为什么要写这篇学位论文。相当多的同学把学位论文写作当成了一个换取文凭和学位的手段，或者说专业学位学习的"出场券"——不交一篇论文拿不到学位，所以是为了拿学位而写论文。大错特错！这个认知完全误解了学位论文写作的目的。

MBA 的正常学习期限为三年，学位论文写作就要花一年时间，占整个学制的 1/3，而且程序繁杂。为什么？因为它是一个教学环节，而且是专业学位人才培养过程中的关键教学环节。这是为了让同学们能够学会运用前面两年学到的理论、方法和工具，去研究和解决现实中的管理问题，是为了让专业学位同学具备这样一种将理论运用于实践的能力。如果出现了认知偏差，不是为了真正提高自己的能力而进行学位论文的研究和写作，就不会在各个环节中严格要求自己，那么毕业之旅将会举步维艰、危机四伏，即便最后侥幸过关，个人能力也不会得到实质性的提高，绝对是舍本逐末、得不偿失！

第二点：学位论文写作过程考查学生的态度和能力，但关键是态度。理论联系实际的能力、研究和解决问题的能力是否能够通过学位论文的研究和写作得到训练和提高，关键取决于你的态度。如果你认真对待学位论文写作，投入足够的时间精力，做好每一个环节，论文写作就没有想象的那么难。本书提供了一个攻略，介绍了一些避免错误、降低风险、节省精力、少花时间的方法，但前提是你必须认真对待，想要把这件事情做好。

同时，设定怎样的目标决定了你需要付出努力的程度，某种程度上也决定了最后的结果。《孙子兵法》讲："求其上，得其中；求其中，得其下；求其下，必败。"如果目标是争取论文评为优秀，那么最后即便拿不到优秀也可能获得良好，评审通过应该没问题；如果目标是良好，即便没达到，评审通过也应该问题不大；最怕的就是"60 分万岁"，评审通不过的往往是抱着这种态度的同学。所以，希望你确立一个"求其上"的目标，朝着优秀论文的方向去努力。

最重要的话说三遍：认真，认真，认真！只要认真对待学位论文写作这件事，反复研读和消化本书的内容，在导师的指导下开展研究和写作，论文一定能够顺利通过！以正确的态度确立正确的目标，用正确的方法朝着正确的方向去努力，你就一定会成功！

还要说明一点，本书所讲的主要是工商管理硕士专业学位论文的一些共性问题，这类论文的基本规范和要求，全国高校都是遵照教育部的有关规定来执行的，但不同学校在一些具体问题上还是有差异。本书介绍的内容依据的是兰州大学管理学院的相关规定，如果和读者所在学校的规定有不一致的地方，请以自己所在学校的规定为准。针对一些学术界还没有形成统一意见、未有定论的问题，我也谈了一些个人观点，仅供参考。

本书能够顺利面世，要感谢很多人。

感谢湾区MBA精英俱乐部，尤其是副会长胡罡。他们是所有这一切的缘起，如果没有他们的邀请，就不会有四次直播，也就不会有这本书的问世。

感谢深圳弘人文化发展有限公司为系列直播提供平台、技术支持和服务，并且至今仍在提供直播回放，造福更多学子。尤其感谢公司运营总监魏新富先生，他为此付出了很多时间和精力。

感谢中国人民大学出版社管理分社的谷广阔编辑，是他听过直播后给我提出了整理成书的建议。

感谢兰州大学管理学院专业学位教育中心主任张若勇教授和王怀诗老师，他们在百忙中审读了书稿并提出了非常宝贵的建议。还要感谢兰州大学管理学院的各位同事，书中的很多观点来自大家在专业学位论文指导过程中的交流和探讨，是集体智慧的结晶。

感谢王胜利同学，他的直播分享和优秀论文为本书提供了极好的范例，他的勤奋与认真也为学弟学妹树立了榜样。

感谢我曾经指导过论文写作、参加过论文评审或答辩的兰州大学管理学院及其他院校专业学位的学生们，我的许多经验体会都来自指导和评审他们的论文或参加他们的论文答辩，书中的很多例子都来自与他们的互动。

感谢我指导的2020级学术型硕士研究生李伶、张豪楠、窦龙琪同学，他们在本书写作过程中协助做了大量的文献收集、文稿整理和文字校对工作。

希望本书的出版能够给正在攻读专业学位的同学们带来启迪，帮助大家顺利完成这一段痛并快乐着的成长之旅。祝愿同学们如愿以偿，以优秀的学位论文为自己的专业学位学习画上一个圆满的句号！

贾旭东

目 录 ■

▶▶ **第一章**

专业学位论文的选题与开题

第一节　专业学位论文的体裁、基本逻辑与时态

一、专业学位论文的体裁

专业学位论文是有不同体裁的，也就是根据不同的写作目的和用途，可以写出不同类型的论文。专题研究、案例分析报告、商业计划书、可行性分析报告、企业诊断报告是常见的五种体裁（见图1-1），兰州大学管理学院都曾经用过。

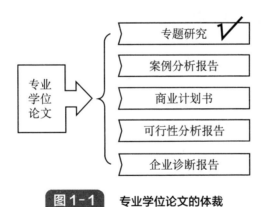

图1-1　**专业学位论文的体裁**

但不是所有的学校都采用这些体裁。除了专题研究以外，采用其他四种体裁——案例分析报告、商业计划书、可行性分析报告和企业诊断报告，论文在上传到教育部论文评审平台的时候会有风险，可能会因为评审专家不认同这些体裁而被直接否决。我指导的一个 MBA 学生，他的学位论文是一个项目的商业计划书。上传到教育部论文评审平台外审后，评审专家给的分数是 50 分，结论是"不同意答辩"。我们来看这位专家的学术评语和

对论文的建议（专家评审论文后一般都会给出学术评语，提出不足之处和建议）：

> 该论文简单地以××项目的商业计划书作为毕业论文的替代，不合适，不符合学位论文的要求。

这位专家认为学位论文不能够用商业计划书的体裁来写，直接就否定了这篇论文。

但是，当年我指导的另一位同学，同样写了商业计划书，学位论文得了76分，专家意见是：修改后可以答辩。专家没有提出问题，在评语里写道：

> 论文选题比较有意义，写作方法规范，分析工具运用合理，有一定的创新……修改后可以答辩。

可见，关于学位论文的体裁，评审专家没有统一的标准。

所以，我给大家的建议是：以专题研究的体裁来写学位论文。接下来结合专题研究型论文的标准和要求来做具体介绍。

二、专题研究型论文的基本逻辑

专题研究型论文的基本逻辑就是：提出问题，分析问题，解决问题。

那么，怎么样提出问题？怎么样分析问题？又怎么样解决问题？下面就围绕这三个方面展开。

（1）提出问题。有三个关键点要把握。第一，你要提出一个真问题。在学术上这个问题是真的，它不是个假问题、伪问题。第二，你要提出一个能解决的问题。有时候你提的问题是真的，但是你解决不了，或者说你通过一篇3万～5万字的学位论文解决不了，那么这个问题仍然不能够作为学位论文的主题。第三，要提出具体的问题。即问题不能太大，要具体，你能够通过一篇学位论文解决这个问题。

（2）分析问题。你要能够运用在学习期间所学的理论、方法和工具来分析你提出的问题。评审专家评审论文的标准之一，就是考查论文写作者是不是能够运用所学的理论、方法和工具来科学地、正确地分析问题，如果可以，就说明写作者已经掌握了与解决某问题相关的理论、方法和工具，并且能够正确地用来解决问题。

（3）解决问题。即要给出可操作的问题解决方案，从而解决论文所提出的问题。这里的关键是可操作的解决方案，而不是一些原则性的对策建议或口号，这是决定学位论文质量水平的又一关键。

这几个方面涉及大原则、大方向（见图1-2），后面会展开介绍。

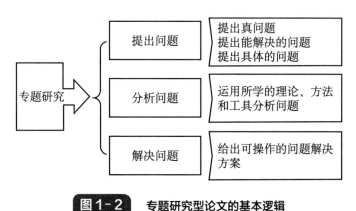

图1-2　专题研究型论文的基本逻辑

三、专题研究型论文的时态

大家要注意专题研究型论文的时态，这一点经常被忽视。我在这里借用了英语语法里的概念"时态"。什么是论文的时态？就是论文所提出的问题与论文研究内容之间的时间关系。

按照英语的时态来讲，专题研究型论文的时态是一般将来时。也就是说，你研究的是现在面临的某一个问题，你在论文中提出了这个问题，进行分析之后，提出了未来解决这个问题的方案。专题研究型论文最后提出来的是一个要在未来去执行、实施的解决方案。

在你要研究的企业里，如果这项工作已经做过了，那么你是不能把它写成专题研究型论文的，你只能写成案例分析报告。案例分析报告的时态是一般过去时，这项工作已经做完了，你对它进行提炼、归纳，总结经验并提供给其他企业参考和借鉴。而专题研究型论文面对的情形是：这项工作还没有做，现在有这个问题，你要提出解决这个问题的方案，这个方案要在将来实施。

　　工作已经结束了，方案已经实施了，你拿来写成专题研究型论文是不行的。有些同学在论文最后的方案实施部分还专门写上，这个方案已经实施了，实施的结果怎么样，效果怎么样，那就是把时态搞错了，严重点说，这个论文就写偏了。

第二节　专题研究型论文的选题

　　下面重点介绍如何选题。专题研究型论文选题的基本要求是：研究某个企业的具体的管理问题，运用所学的理论、方法和工具进行分析，给出可操作的解决方案。这实际上就是对提出问题、分析问题、解决问题的展开。

一、选题流程

　　选题的基本流程是，首先确定研究对象是哪一家企业，继而确定研究这个企业的什么问题，再查阅文献资料，初步拟定论文题目，然后确定研究的内容，最后明确研究的思路，如图1-3所示。

　　专业学位论文的研究对象是具体的，对MBA/EMBA论文来说，要研究的就是一家具体的企业。也就是说，论文的研究对象不能是一个行业，也不能是一类企业，比如中国电子商务行业、中国中小企业、中国制造业企业等。你必须研究一个具体的企业。

　　专业学位论文必须落地到这家企业的某一个具体的管理问题，不能很宽泛地研究这家企业的管理问题。这家企业的管理问题很多，你要研究哪一个？必须选定这家企业在某一个管理领域的某一个具体问题。因此，学位论文的选题必须在研究对象和研究问题上具体地、准确地定位，这就是选题阶段要考虑的核心问题。

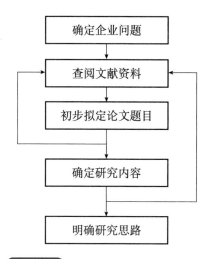

图1-3 专题研究型论文选题流程

MBA/EMBA 学位论文的题目有个基本模式，题目最前面一定是××公司，一家企业的名称；中间部分是××问题，即论文要解决的这家企业的具体问题；最后是一个关键词，比如研究、改进、提升、优化等。学位论文题目确定了这篇论文的核心研究内容，如图1-4所示。

××公司 ＋ ××问题 ＋ 研究

（改进、提升、优化……）

图1-4 专题研究型论文题目基本格式

二、论文题目中的企业名称

论文题目中的企业必须是一家具体的企业，必须是现实中真实存在的企业。关于论文题目中的企业名称的写法，要考虑以下两点：

第一，最好采用企业的真名。如果这家企业愿意公开企业名称和一些数据，论文里就可以不用考虑保密问题，使用这家企业真实的名称；如果这是你创业的公司，你自己说了算；如果是你目前工作的企业或其他企业，那么你就要征得企业同意才能用其真名。

有的企业的全名很长，比如外资企业翻译后的名称就比较长，一家银行的支行的名称也比较长，比如中国工商银行广州分行××支行。但论文题目的字数又不能太多，一般 20 个字左右，那么可以适当简化，用企业名称的简称，但基本要素还是要有。总之，论文题目要让人一看就明白，它是一个真实存在的企业，或者是一个企业的分支或下属机构。

第二，如果企业的名称不便公开，那么有两个办法：一是用代号，二是用化名。用代号，就是用 A 公司、B 公司这样的表达。我们经常会看到学位论文题目里有类似的企业名称。用化名，就是你编一个虚拟的企业名称。但要注意的是，能不能用化名看不同学校的要求。如果用了化名，要在文中做个标注或说明，表明因为企业保密的需要采用了化名。

特别提醒，当你给研究对象取化名的时候，要去查一下，有没有同名的或者类似名称的企业。如果这个化名和另外一家真实存在的企业重名或者类似，就有可能带来麻烦。

三、研究问题的确定

论文研究对象确定了，下一步要确定的就是论文研究的问题属于哪一方面的管理职能。是组织战略问题、人力资源问题、市场营销问题、财务管理问题还是运营管理问题？你要把研究问题先框定在某个管理职能范围里，然后才能根据这个管理职能，去找相应研究方向的导师，由导师来指导你确定论文题目。

要注意的是，一开始设想论文题目的时候，你能够把它准确界定到某一个管理职能里就已经不错了。最终确定研究问题到底是什么，如何准确表述，恐怕需要导师指导，大部分同学在这个时候都是搞不清楚的。首先你要确定想研究的是人力资源问题、组织战略问题还是市场营销问题。你得先确定领域，否则选哪个研究方向的导师呢？导师都是分研究方向来指导论文的，你想研究财务问题，选组织战略方向的导师，肯定是不合适的。

比如说，某位同学想研究组织战略问题，那么是战略哪一层级的问题？如果是一个运营问题，那么是企业运营中的哪个问题？如果是市场营销问题，那么是市场营销战略问题还是市场营销策略问题？如果是人力资源问题，那么是招聘问题、培训问题还是薪酬问题？你要尽量确定具体的研究问题，问题越具体越清晰，越有利于导师帮助你确定最终的题目，理清论文的研究内容和思路。

四、论文题目的关键词

学位论文题目中最后的词很关键。最后这个词是什么呢？专题研究型论文用得最多的词是"研究"，如论文题目"××公司的××问题研究"。"研究"就意味着这个问题是全新的，你要对其进行全面的研究，给出可操作的解决方案。比如论文题目"A公司发展战略研究"，这个题目意味着A公司目前还没有制定发展战略，论文要制定其发展战略并提出战略实施与控制的措施。

论文题目也可以采用其他一些关键词，常见的有"设计""改进""优化""提升"。相应的论文题目比如"××方案的设计""××公司员工薪酬体系的改进""××公司质量管理体系的优化""××公司服务质量的提升"。

要注意的是，这些词的内涵不完全一样，一定要界定清楚，不要搞混，这与论文核心逻辑密切相关。比方说，如果用的是"设计"一词，就意味着论文是要重新设计、构建一个东西。比如，"薪酬体系的设计"就意味着这家公司没有薪酬体系，你要重新为它设计一个。如果最后这个词是"改进""提升""优化"，那就意味着企业已经有了这方面的方案或体系，但存在一定的问题，论文是要对该方案或体系进行改进。比如论文题目是"B公司技术人员薪酬管理体系优化"，那就意味着B公司已经有了技术人员的薪酬管理体系，但目前这个体系出现了问题，论文要研究如何解决。针对这个题目，你写论文的时候就要先说明这个薪酬管理体系现在是什么样的，有什么问题，再分析造成这些问题的原因，最后提出优化或改进方案。

题目里最后这个词非常重要，它直接决定了论文的基本思路和后面的研究框架。

五、论文选题考虑的因素

一般来讲，论文选题要考虑的因素有：

1. 论文研究问题的相关性和实用性

专业学位论文是面向实践的，更看重其实践意义，即能够解决现实问题，展现出你运用所学理论、方法和工具解决现实问题的能力。所以，最理想的专业学位论文题目和你的工作相关，并且有实用价值，达到"一石三鸟"的效果。第一，一篇合格的学位论文使你顺利完成了学业，实现了个人知识水平和学历的提升，为以后的人生打下了重要的基础。第二，通过撰写学位论文直接解决了与自己工作相关的一个问题，论文提出的解决方案可以在你的工作中付诸实施，有助于你顺利开展工作。第三，你把论文研究的方案提交给企业去实施，使企业效益或效率得到提升。所以，最好的论文选题能够把这三个方面结合起来，这是最理想的。

2. 论文研究问题的具体性和可行性

论文研究的问题一定是一个具体的问题，必须具有研究的可行性。也就是说，这个问题不是一个大到没边的问题，也不能是一个你根本没有能力、没有办法去研究的问题，不能是一个通过一篇 3 万～5 万字的论文无法研究清楚的问题。否则，要么因为过于宽泛而不具体，要么因为过于宏大而不可行，都不适合作为专业学位论文的选题。

3. 论文研究数据的可得性、及时性和准确性

一篇专业学位论文的篇幅是 3 万～5 万字，现在要求查重比例不超过 15%。所以，论文大部分的文字都得是你自己写出来的，参考、引用的字数最多 15%。如果全文 3 万字的话，2.55 万字是你自己写的；如果是 5 万字的话，4.25 万字是你自己写的。如果没有数据支撑，这个论文怎么写？

论文中需要用论据来支撑你的论点，那么会用到大量的数据。如果发现所需要的数据没有办法得到，那么这个选题就没有研究的可行性。某个公司很有研究价值，的确有实际问题需要研究，你也很感兴趣，但就是拿

不到数据，怎么研究？或者你就在这家公司工作，写论文需要财务数据，但公司财务处不同意给你提供数据，那论文就没法写。所以，要在确定论文选题的时候就考虑将来研究所需的数据能不能获得。

另外，论文数据的及时性和准确性也非常重要。你要考虑在论文写作过程中能不能拿到及时的、准确的数据。假如 2022 年开始写论文，2023 年毕业，至少要拿到 2022 年、2021 年的数据。如果数据是 2017 年、2018 年的，缺乏及时性和准确性，就无法支持你的研究，研究结论的说服力不足，你就很难通过论文评审和答辩。

六、论文选题常见错误

下面结合实际谈谈论文选题中的常见错误，如果能够避免这些错误，就能比较容易地确定合格的论文选题。

第一个选题错误：对象错误

具体表现是：论文选择的研究对象不是企业。对 MBA/EMBA 来说，这个问题非常严重，因为 MBA/EMBA 论文是工商管理硕士和高级管理人员工商管理硕士的学位论文，研究问题必须属于工商管理领域，论文的研究对象必须是一家企业。所以不要选择一个政府机构、一个民间社会组织，它们不是企业。当然，如果你是 MPA，写的是公共管理硕士论文，那就一定要研究一个政府机构，而不是一家企业。如果一开始论文的研究对象就错了，开题就不能通过，因为已经背离了论文的基本要求。

第二个选题错误：题目大而空

这个问题很常见，表现为研究国家或者某行业的某个总体性的问题，比如"全球化背景下的中国制造业供应链问题研究""全球化背景下的中国芯片行业发展战略研究"。这样的题目是绝对不可以的，这样宏大的课题根本不是一篇 3 万～5 万字的专业学位论文能够研究清楚的，题目大就会导致研究空，即便写了也不可能写好写实，肯定无法通过开题答辩。

还有一种情况是，你想研究的的确是一家具体的企业，但是这家企业很大。比如，你想研究华为，论文题目是"华为国际化战略研究"，可不可以？假如你就在华为手机事业部工作，想要研究华为的国际化战略，行不行？不可行。企业太大，研究涉及的内容太多，写一篇论文根本说不清楚，而且以你的职位也不一定能支撑去做这项研究。

在开题答辩的时候，专家经常会问：你在哪个单位？做什么工作？你论文的研究对象是不是你现在任职的这家公司？论文的研究问题是不是你现在的这个工作层级可以研究的问题？如果你研究的企业很大，你又选了一个宏观的问题，题目大而空，可能会被否决。

第三个选题错误：定位不准

论文研究的主题没有得到准确界定，就会导致论文研究的内容模糊不清，或者与题目不吻合。论文的研究问题一定要界定到所研究企业的一个具体的管理职能上，如果没有作出准确界定，有时候会出现双重主题甚至多重主题，导致论文写作无法聚焦。

第四个选题错误：内容有偏

这种问题常见于运营管理、研发管理和信息管理等研究领域的论文。因为这类论文里不可避免会涉及一些技术问题，比如研发管理的论文可能要研究如何研发某个新产品，信息管理的论文可能要研究如何建立一个新的 ERP 系统，等等。但你一定要牢牢把握一点，你的论文是工商管理方向的专业学位论文，所以论文的研究主题一定不是有关产品研发的技术问题，也不是有关 ERP 系统的信息技术问题，而是要解决研发产品或建立 ERP 系统过程中的一个管理问题，你必须紧紧围绕这个问题展开研究。

我以前遇到过这样的论文，通篇写的都是技术问题，比如怎么建立一个 ERP 系统，用很多拓扑图来介绍这个 ERP 系统的技术原理，以及技术路径、工艺路线等。这就写偏了，变成了技术分析报告或者技术可行性报告。MBA/EMBA 论文要研究的一定是管理问题，哪怕和技术相关，也必须以管理问题为主要研究内容。

第五个选题错误：理论导向

工商管理专业学位论文和工商管理学术型学位论文的最大区别，就是

MBA/EMBA 论文强调用现有的理论、方法和工具去解决企业的实际管理问题，而不要求进行理论研究，更不要求进行理论创新。但在现实中，常常有一些专业学位论文写得类似学术型学位论文，即在论文中进行了理论研究或试图进行理论创新，这也是写跑题了。

理论创新通常是硕士研究生、博士研究生做的工作，他们接受了这方面的专门训练，所以他们的学位论文就要求以理论研究为主，并且必须有理论创新。而攻读专业学位的学生做不了理论研究，因为在专业学位的培养方案中没有这方面的课程，对学生没有这方面的专门训练。所以，作为专业学位学生，你能够熟练运用现有的理论、方法和工具去解决现实中的问题，就已经达到了专业学位的教学目标，也就是满足了专业学位论文的要求。专业学位的学生若尝试在论文中进行理论创新，会有极大的风险，因为没有接受过科学研究方法论方面的系统训练，在理论研究方面基本功不扎实，很容易在论文中出现研究逻辑、规范和方法方面的硬伤，反而可能导致论文不能通过。

比较一下学术型学位论文和专业学位论文的题目，就会发现二者的风格完全不一样。学术型学位论文选题一般涉及带有理论性、带有共性的问题，例如：

- 知识型员工战略性激励研究
- 集成化供应链绩效评价与激励机制研究
- 基于供应链的合作伙伴选择与协调管理研究
- 制造业上市公司财务预警模型研究
- 虚拟经营的运作模式研究
- 心理契约与企业知识型员工流失管理研究

但专业学位论文研究一个具体的实践性问题，题目的最前面部分是一家企业的名称，中间部分是所要研究的职能管理问题，最后部分是"研究""优化""改进""设计""提升"等关键词，例如：

- 上海运通科技有限公司发展战略研究
- 工商银行广州分行信用卡营销策略研究

- 威海建筑工程公司改制问题与对策研究
- SW 啤酒公司兰州市场销售渠道体系优化
- 南通 EM 有限公司供应商管理体系改进
- 深圳 FG 电商公司管理人员绩效管理制度设计
- H 银行青岛分行信贷风险控制体系提升

论文选题不当实例

以上五个问题都是在专业学位论文开题过程中经常碰到的，需要特别注意。下面举一些选题不当的实例，大家可以举一反三。

- 利用数字技术推行科学管理

类似的表述在工作报告中很常见，这是个口号，既没有明确研究对象，也没有明确研究问题，不能作为学位论文的题目。

- 中小企业如何解决融资难问题

这个问题太大、太宽泛，研究对象也不清晰。中小企业是指中国的中小企业还是美国的中小企业？二者是不是都有融资难问题？即便有也不一样吧？如何解决融资难问题？这个问题涉及方方面面，一篇专业学位论文难以讲清楚。这就属于典型的研究问题大而空，开题肯定不能通过。

- W 公司绩效管理与员工流失问题研究

这是一个双重问题的题目，绩效管理和员工流失都属于人力资源管理问题，员工流失是企业人力资源管理中存在问题的表现，而绩效管理和员工流失又具有相关性，很有可能绩效管理就是造成员工流失的原因之一。所以，这个题目把二者放到一起，模糊了论文的核心研究问题，最后可能导致两个问题都没有研究清楚。

- 中美贸易战背景下中国制造业面临的挑战和对策

题目太大，这是在研究一个行业的问题，这个问题显然不是一篇学位论文能够研究明白的。

- 中车集团供应链管理研究

题目太大，研究对象是一家很大的公司，研究问题也是一个很大的问题，这么大的集团公司，它的供应链管理问题是非常复杂的，怎么可能用几万字写清楚呢？

● 杜邦公司中国市场营销创新研究

题目太大，研究对象是一家大型跨国公司，它在中国市场的营销创新很复杂，而且"营销创新"这个概念的内涵非常丰富，涉及营销方方面面的问题。

● 基于 6σ 理论的 Y 水电厂大中型水力机组检修管理研究

这个题目的后半部分很好，的确是一个非常具体的研究问题，研究的是这个水电厂的大中型水力机组的检修管理问题，这是可以在一篇论文里研究清楚的问题。但题目前半部分的"基于 6σ 理论"带有理论导向，在专业学位论文中一般不会采用这样的表述，不用强调基于什么理论，不必带上理论色彩，如果把这个题目改为"Y 水电厂大中型水力机组检修管理研究"，就是一个恰当的论文选题。

七、写论文要"小题大做"

好的 MBA 论文题目鼓励"小题大做"，也就是说，题目应该尽量小一点，研究的问题要尽量小一点，不要试图去研究很宏大的问题，问题一大就容易空，很难撰写。你要研究一个比较小的具体问题，这就是"小题"，把这个问题研究透了，就叫"大做"，把这个问题说透、彻底搞明白，拿出具体的、可操作的方案，就是一篇好论文。

跟大家讲讲我做毕业论文答辩专家这么多年，印象最深刻的一篇优秀论文。当时这个学生所在的公司是生产方便面的，要研发一款新的方便面，所以他的论文从头到尾就是研究怎么研发出一款方便面。这篇论文小题大做到什么程度呢？你直接可以拿这篇论文里提出的方案，去开一家工厂生产这样一款方便面。他的研究具体到什么程度？详细解决了以下问题：这款方便面是油炸的还是非油炸的？怎么设计包装盒，包装盒是方的还是圆的？用什么品牌名称？如何定价？用哪些渠道销售？如何宣传促销？方案清晰、可操作。当时答辩组专家一致给这篇论文评为优秀。

第三节   专题研究型论文的开题报告

论文题目确定后就要开始写开题报告了。一定要高度重视开题报告，因为写好开题报告，论文就成功了一大半。为什么要特别强调这一点？因为绝大部分同学都不重视开题报告。有些同学是明天学校要求提交了，今天才把开题报告写出来。他们觉得开题报告篇幅也不大，填完表格交了就行。这是完全错误的想法。

一定要记住：要把写开题报告当成学位论文的主要工作来做。一篇好的开题报告应该做到：论文里核心的东西已经清晰，论文的研究对象、研究问题、研究思路、论文框架全部都清清楚楚。如果做到了这一点，后面的工作就比较简单，你只要按照论文的提纲去推进撰写工作就行了。开题报告做得越认真、越扎实，后面的论文写作就越顺利、风险越小。如果开题报告是应付过去的，那么极有可能出现的情况是：论文写到中间出现问题，甚至写不下去了。以我的经验，开题报告至少要修改 5 稿以上才能定稿，这绝对不是一件可以突击完成的工作，要特别引起重视。

一、写开题报告前先熟读教材

开始写开题报告之前必须做好准备工作，最重要的准备工作是熟读相应学科的教材。如果准备写战略类的论文，就必须熟读战略管理这门课的教材；打算写市场营销类的论文，就要熟读市场营销这门课的教材；写人力资源类的论文，就要熟读人力资源管理这门课的教材。

大部分专业学位学生在前两年时间里主要是听课，然后完成老师布置的作业或者课程论文，并准备考试。

写学位论文的时候，首先要确定你准备研究哪个领域、哪个方向。不管是战略管理论文、人力资源管理论文，还是财务管理论文，在确定了研究方向之后，相关课程的教材就必须要啃下来，这是你写学位论文必然用到，并且要用好的。你要用两年来所学的理论、方法和工具解决企业的实际问题，如果连相关课程的教材都没弄懂学透，怎么能够解决问题呢？

什么时候看教材？当然是在学这门课的时候，最好在你写开题报告之前再次阅读。因为写开题报告的时候，你的论文思路要全部形成。在确定了论文的研究领域后，你的导师还没有选定，论文的具体研究问题还没有确定，但你这个时候就要开始看教材，否则可能就来不及了。等你选定了导师之后，你已经对教材的内容比较了解了，在导师的指导下确定论文的研究问题和题目就很容易了。

二、开题报告的基本框架与逻辑

开题报告有一个基本框架，一般分为研究背景与意义、相关理论基础、研究内容与思路、研究方法与工具、论文框架设计、论文进度安排和参考文献几个部分。这个框架是有内在逻辑的，它的逻辑是什么呢？完全围绕你的论文题目展开研究。论文题目表明你要解决某个企业某个方面的某个问题，开题报告就是围绕这个主题展开，把相关的具体问题都弄清楚。

第一，研究背景与意义。你是在一个什么样的宏观环境和行业环境的背景下研究某个问题？研究这个问题的意义是什么？为什么要研究这个问题？这些就是开题报告中"研究背景与意义"部分要回答的问题。如果这些问题回答不清楚，论文选题就不能成立，这个题目就没有价值和意义。

为什么在开始学位论文写作前有这么一个开题的环节？绝对不是学校人为增加环节，给大家添麻烦，而是为了确定你写这篇论文是有价值的，避免浪费宝贵的时间和精力。你要花一年的时间来完成这篇论文，如果一开始方向就错了，研究没有意义和价值，最后也不能达到学位论文的要求，那不是白费功夫吗？如果等到论文已经写出来了再告诉你写错了，你不就白白浪费了一年的时间？开题这个环节实际上就是请专家们来帮你把个关，让你不要浪费未来一年的宝贵时间和精力，让你去研究一个真问题、一个有价值的问题并获得预期成果。

因此，"研究背景与意义"这一部分是论文题目能够成立的关键，你要讲清楚在什么背景下研究这个问题，写这篇论文能够解决企业的什么实际问题，对企业有什么意义，这样才能够证明这个问题是值得研究的。

第二，相关理论基础。这部分要介绍的是你准备运用哪些理论来研究这个问题。学位论文考查你运用学过的理论、方法和工具来解决实际问题的能力，所以这里要说清楚，你准备用什么理论来解决论文题目提出的问题。

第三，研究内容与思路。接着上面的逻辑，你既然要研究论文题目提出的问题，要用某些理论来研究和解决这个问题，那么论文研究的具体内容是什么？也就是说，你要研究的这个大问题又可以分为几个小问题？学位论文中研究问题和解决问题的基本思路，都是要把大问题分解为小问题来分别解决，所以这里你要说清楚这几个小问题是什么，具体包括哪些内容，这就是研究内容。然后，你打算按照怎样的逻辑、怎样的顺序来研究和解决这几个小问题，这就是研究思路。

第四，研究方法与工具。你已经把要研究的问题分解，研究内容与思路也清楚了，下面要回答的问题就是：你打算用哪些方法和工具去研究和解决这个问题？在这部分要交代清楚。

第五，论文框架设计。论文的基本框架和结构也就是论文思路的展开和细化。这个框架实际上就是论文的提纲，提纲写清楚了，研究过程和写作框架就基本形成了，再写论文也就胸有成竹了。

第六，论文进度安排。这部分就是论文的写作计划，你要规划未来的时间安排，什么时间写哪一部分、什么时间完成初稿等，把控论文的写作进度。

第七，参考文献。你准备参考哪些书籍、资料和文献来进行研究，在开题报告中要初步列出。

开题报告中以上七个部分的内容，层层递进，环环相扣，都紧密围绕着论文的研究问题和研究过程而展开。开题报告里涉及的这些问题，如果你全部想清楚、弄明白了，论文思路就非常明晰了。开题通过以后，实际上论文框架就已经搭建起来，剩下的工作就是往里面添砖加瓦——分析数据和资料，做研究。如果一开始开题报告没有写好，糊弄过关，就意味着论文写作相关的很多问题你还没想清楚，在日后的论文写作过程中必然会出现问题，代价可能非常大。我自己指导的学生就出现过这样的问题，论文已经写了半年，告诉我说写不下去了。为什么？要么是数据找不到了，要么是思路有问题了，要么是发现这个问题研究不了、解决不了。怎么办呢？只有推倒重来。

因此，一定要高度重视开题报告，开题报告通过时你越胸有成竹、思路越清晰，后面的论文写作就越轻松、越省力、越省时间，所以，认真写好开题报告是学位论文写作的第一诀窍。

三、开题报告的具体内容

下面具体介绍开题报告每一部分的要求和写法。

1. 研究背景与意义

研究背景与意义主要介绍论文研究的背景以及论文研究的实践意义。

研究背景一般分两部分。第一部分是宏观环境的大背景，要告诉读者：论文研究的企业所处的宏观环境如何，这种宏观环境对企业所在的行业有何影响，进而如何影响企业。第二部分介绍论文研究的企业所在行业的背景，以及行业市场的情况，要告诉读者：这个企业处在一个怎样的行业之中，这个行业及其市场发展的现状对企业提出了什么挑战、提供了什么机会。由此引出论文的研究问题和研究意义。

所谓研究意义，就是要告诉读者，你研究这个问题、写出这篇论文有什么价值。要特别注意的是，MBA/EMBA 论文的研究意义只写实践意义，不写理论意义，因为 MBA/EMBA 论文不要求进行理论创新，实际上也做不了理论创新，所以只写实践意义就可以了。说清楚这篇论文能够解决所研究的企业的哪个具体问题，这就是实践意义。

图 1-5 是一个真实的例子。论文中写了理论意义："本文基于战略管理

理论，在全新的医疗体制改革背景下对我国生化制药行业中的企业战略进行研究……"其实 MBA 论文把实践意义说清楚就可以了。

（二）研究意义

1、理论意义

本文基于战略管理理论，在全新的医疗体制改革背景下对我国生化制药行业中的企业战略进行研究，填补新环境下生化制药企业战略领域的研究空白。

其次，本文采用科学的研究方法，基于外部环境分析、内部环境分析等科学的研究理论和研究模型对生化制药企业战略进行探究，具有较强的科学性和学术性。

其三，本文重视战略环境分析，抓住宏观环境和行业环境的脉络，同时加强对生化药业公司内部环境的分析，以应对企业战略系统的输入和输出匹配问题，在一定程度上解决了生化制药企业战略制定与决策中遇到的问题。

> **Windows 用户**
> MBA 论文不要求理论意义和创新，这部分不说为好，突出解决什么实践问题即可，把实践意义展开说充分

图 1-5 论文实例：研究意义的表述

2. 相关理论基础

相关理论基础一般包括三部分内容。

第一部分，论文研究涉及的专业知识。有些 MBA/EMBA 学位论文研究的问题很专业，涉及一些专业技术问题，例如你研究的是一家芯片生产企业，涉及一些很专业、很小众或者冷门的问题，读者一般是不了解的，专家也不一定懂，你就要把这些基本的专业知识告诉读者，比如说芯片生产涉及的一些技术名词、常用的专业术语，要简单介绍一下，让读者能够看懂论文里有关专业和技术的内容。

第二部分，论文研究需要用到的理论。要注意的是，不是把教科书上所有理论都复述一遍。比如写战略管理论文，把教材里的战略管理理论挨个说一遍没有任何意义，教科书上有的就不需要你在论文里写。你要写的是：你的论文要用哪些理论进行研究，要用哪些理论来解决哪些问题。在此你要证明你已经掌握了这些理论，为什么这些理论能够解决你想研究的问题。在开题答辩的时候，专家会看你有没有乱用这些理论，有没有用错了地方。比如你用经济学的理论来解决管理学的问题，这就等于告诉专家你不懂理论，生搬硬套，就像用榔头去敲螺丝钉。

第三部分，论文研究领域已有的研究成果与研究现状。在规范的学术论文里，一般都要对已有的研究进行梳理和介绍，也就是告诉读者，你已经了解了论文研究的这个领域的研究现状，掌握了既有的理论研究成果，你这篇论文的研究就建立在前人研究的基础之上。这部分内容在学术型学位论文里非常重要。以前对 MBA/EMBA 论文不是特别强调这一点，因为专业学位论文不要求理论创新，所以评审的标准是，你不一定非得用前沿的学术成果来解决实际问题，只要你能把教科书上的理论、方法和工具用好，解决问题就可以了，不强调对现有理论研究状况进行综述。但现在情况不同了，这部分一定要写而且必须写好。因为越来越多的学校开始把学位论文送到教育部的平台上进行评审，很多评审专家对这部分内容很看重，因为这毕竟是一篇硕士学位论文，要体现一定的学术水准。所以这部分不但要写，还要写得比较全面和到位，否则就可能被一些专家认为没有达到学位论文的专业水平。

3. 研究内容与思路

研究内容是对论文题目的分解，论文题目提出了一个有待解决的问题，那么这个问题如何解决呢？这里要介绍的研究内容就是对这个问题的分解——要把它分成几个小问题来研究，把这几个小问题分别解决了，论文题目提出的问题也就有了答案。

解决问题要有顺序。先解决哪个？再解决哪个？逻辑是什么？这就是研究思路，有时候叫作技术路线。一般来讲，研究思路不能只靠文字表述，还要用一个流程图来表达，有时候也叫作技术路线图，如图 1-6 所示。

4. 研究方法与工具

研究方法和研究工具一定要区分开，不能混为一谈。比如说，文献研究是方法，问卷调查是方法，深度访谈是方法，都不能叫作工具。

要特别注意的是，在专题研究型论文里，不要写案例研究方法。案例研究在管理学里是一种专门的、专业的、有着科学规范要求的研究方法，不是在论文里举几个例子就可以叫作案例研究，二者完全不是一个概念，这

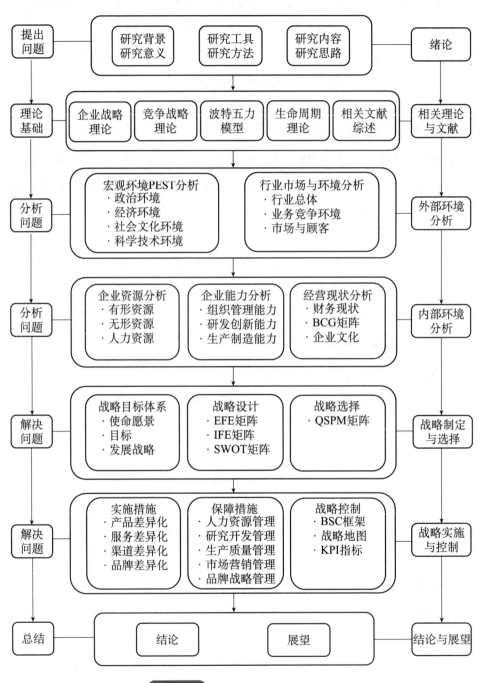

图1-6 论文实例：技术路线图

是大多数专业学位同学容易混淆的。而且，专题研究型论文和案例分析报告是完全不同的体裁，案例分析报告勉强可以说运用了案例研究方法（其实也不完全一样），而专题研究型论文不需要运用案例研究方法，二者的基本逻辑、研究规范都是完全不同的。

至于研究工具部分，有很多管理学教材里常见的矩阵都属于工具。比如战略管理论文常用的工具有：EFE 矩阵、IFE 矩阵、CPM 矩阵、BCG 矩阵、SWOT 矩阵、QSPM 矩阵等。你要在开题报告里简单介绍这些工具的来源和作用，篇幅不必太大，因为教科书上都有。你要重点介绍准备用哪个工具在论文里解决什么问题，而不是照搬教科书上的话。

为什么要介绍研究方法和工具？专家要判断你有没有掌握这些方法和工具，你能否正确运用这些方法和工具解决论文提出来的问题，这部分要重点表达相关内容。

5. 论文框架设计

经过前面四个部分的铺垫，论文研究的准备工作已经完成，这里就要给出论文的基本框架，实际上就是论文的提纲，是论文研究思路的具体化。论文提纲一般要写到至少第二层子标题，最好细化到第三层。也就是说，提纲里要给出论文章节的大标题、第二层子标题，最好还有第三层子标题。把前面提出来的研究内容根据你的研究思路组织起来，就设计成了论文的提纲。

学位论文的常用框架如下：

● 第一章，一般是绪论，或者叫引言、前言

这部分一般介绍四个方面内容：第一，研究背景与意义。介绍论文的研究背景、研究意义。第二，企业简介。简单介绍论文的研究对象，要研究的这家企业大致是什么情况，为什么要研究这个问题。第三，研究内容与思路。论文主要研究哪些小问题，按照怎样的思路研究。第四，研究方法与工具。论文要运用哪些研究方法和工具进行研究。这四部分内容一般都在论文第一章介绍，也是开题报告里的核心内容，但论文正文里的内容应该比开题报告更详尽。

● 第二章，一般是相关理论综述，或者叫相关理论与文献综述

这部分介绍论文要运用的相关理论，包括对前沿成果和现有文献的综述。这部分内容如果字数不多，可以合并到第一章，如果字数比较多，单独列一章。

● 第三至四章，分析企业的现状和问题

这是个一般框架，不同领域的论文的标题和具体内容会有所不同，但不管你研究的是战略管理问题、人力资源问题、财务管理问题还是市场营销问题，都要对企业在这方面的现状、存在的问题进行介绍，分析原因，为后面解决问题打下基础。

● 第五章，给出所研究问题的解决方案

这部分就是根据第三章和第四章的分析，提出解决问题的具体方案。第一、二章提出问题，第三、四章分析问题，第五、六章解决问题，这是学位论文的基本逻辑。如果论文是研究企业战略，这部分可能就是制定企业战略；如果论文是想为企业构建绩效管理体系，就要给出这个新的绩效管理体系的具体方案。所以这一章的标题也要根据论文的研究问题来确定。

● 第六章，保障控制措施

前面提出了解决问题的方案，那么怎么落地实施呢？要给出具体的实施措施，还要提出一些保障措施、控制措施来支持这个方案的实施。

论文最后一般会写一个结论，对全文进行总结，通常不单独列为一章。

论文一般按照提出问题、分析问题、解决问题的基本逻辑展开，当然具体的章节安排和标题要根据研究问题来设定。

还要注意章节的篇幅。在实际的论文写作过程中，要考虑章节篇幅的平衡。最后写出来的论文，如果某一章的内容很少，比如只有两页，那就说明这部分内容不用单独成章，可以合并到其他章，章节的题目也要相应调整。论文每一章的字数不能相差太大，当然，核心章节的字数应该比较多。这是到最后论文完成的时候要考虑的问题，开题阶段只是先做一个大致的设计，关键是明确思路。

6. 论文进度安排

论文的进度一般按照学校的时间安排来确定，每个学校可能会有差异。

7. 参考文献

要列出研究中用到的参考文献，有教材、著作、期刊论文、会议论文、学位论文等。开题的时候建议列出 20 个左右，到最后学位论文定稿的时候，一般为 20～40 个，中英文都要有，而且大部分应该是期刊论文。

▶▶ 第二章

■ 专业学位论文的写作、送审与答辩

第一节　专题研究型论文的写作

一、论文写作计划

怎么写论文？请记住这句话：好论文是改出来的。

以我的经验，一篇论文一般要修改 7～10 稿才能定稿，我指导的论文最多修改了 23 稿。

好论文是改出来的，在导师的指导下要耐心修改。不要指望明天学校要提交论文了，今天给导师看一下，你就可以提交了。根据学校要求提交论文的时间，倒推一下，确定你的写作进度。

制订写作计划时要考虑什么因素呢？论文每一稿修改完之后要发给导师。导师多长时间给出反馈？以我的经验，在两周以内能给你反馈已经不容易了，因为导师都比较忙。按照导师两周反馈一稿来算，一个月只能改两稿（这个假设的前提是，你收到导师的反馈后立即修改并于当日发给导师，这是很难的），如果你要改 10 稿，需要几个月时间？至少需要五个月，也就是说你要在学校要求提交的那个时间节点往前至少推五个月，提交初稿。

比方说，学校 3 月份要求提交终稿，你的初稿应该至少在前一年的 10 月份提交给导师。如果到 12 月份或元旦之前提交不了论文初稿，这次你就很难参加答辩了，可能要自动推迟。为什么？因为后面没有足够的修改时间了。所以大家一定要记住，要尽早制订写作计划。

二、合格论文的要求

一篇合格的论文，应符合以下要求：

（1）问题明确。界定一个明确具体的研究问题，就是你要研究一个具体企业的具体问题，这是在开题阶段要完成的。

（2）框架合理，逻辑清晰。研究和论证的框架是合理的，逻辑是清晰的。研究框架符合研究问题的基本理论，比如说你研究战略，就要符合战略分析、战略制定、战略实施、战略控制这样一个基本框架。你的研究思路和论证的逻辑是清晰无误的。撰写论文，你需要去论证一个观点，提出一个方案，你的思路和论证的核心是讲逻辑。

（3）方法得当。研究方法和工具的运用应准确得当，减少论文写作中的"硬伤"。

（4）数据翔实，分析到位。要拿数据说话，用数据和图表证明论文的观点，得出结论，而不是只有大段大段的文字表述。

（5）方案具体，可操作性强。方案应该是具体的，有可操作性。这一点很重要。

（6）文字通顺，表达清晰，专业术语运用准确。行文条理清楚，语言简练流畅，观点明确突出。论文要用专业术语来论证和表达，要正确运用专业术语，同时避免口语化的陈述。

（7）无错别字，编号、标点、文献标注规范无误。

这些都是论文写作的基本要求，如果做不到，那么不管论文内容如何，都是不合格的。

三、论文写作中的"硬伤"

论文写作一定要避免"硬伤"。所谓"硬伤"，就是让评审专家可以毫不犹豫地评定你的论文为不合格的理由。如果你的论文里某个观点专家可能不太赞同，他一般不会因此认为论文不合格。但如果论文出现下面所列的硬伤，专家就可能理直气壮地说，这个论文不合格，不同意参加答辩。

专家在评审环节给出不合格，你就没有答辩的机会了。

硬伤一：选题定位不当

论文的题目不恰当，即使通过了开题，也通不过评审，通过了评审，也通不过答辩。只要选题定位不当，论文写得再好都没用，这说明论文写作从一开始就错了，专家可以直接否决。

硬伤二：理论运用错误

专家发现你用了错误的理论或者不恰当的理论来解决你的问题。比如，你的问题是如何把一个螺丝钉拧进木头，结果你的论文说，用一个榔头来敲螺丝钉，而不是用螺丝刀拧它，那就完全错了，专家可以直接否决这篇论文。

硬伤三：逻辑自相矛盾

论文的核心逻辑自相矛盾，或者提出的解决方案不符合逻辑，后面举例说明。

硬伤四：方法运用不当

这与理论运用错误类似，说明你没有掌握解决研究问题的基本理论和方法，当然就没有达到专业学位学习的基本要求和毕业水平。

硬伤五：术语运用不当

和理论、方法运用不当类似，说明你没有具备专业学位要求达到的基本学术素养。

硬伤六：细节错误太多

论文中的细节错误，有的是没有掌握基本的学术论文写作规范导致的，比如格式错误、编号错误、标注错误等。还有的错误如错别字、标点符号错误、格式错误等，说明你态度不认真，连基本的规范都没做到。

硬伤七：学术规范错误

这说明你没有掌握基本的学术论文写作规范，没有达到专业学位所要求的基本学术水平。

这里特别强调的一点是：细节错误大家要小心，要高度重视。如错别字，标点符号错误，参考文献错误，图表标注、编号错误。甚至在论文摘要、封面、致谢里出现错误。以前我们都觉得，这些是小错误，评审专家看的是论文主要的框架、观点、逻辑。

现在评审论文有一个新的逻辑，就是如果论文的细节错误比较多，就充分证明写作者没有掌握学术论文的基本规范，连标点符号怎么用都不知道，连图表应该怎么标注都不知道，连参考文献应该用什么格式都不知道，评审专家就认为这篇论文尚未达到专业学位论文的基本标准。如果连基本的学术规范都不知道，这样的同学写出的论文很难通过。我要特别提醒，很多同学都忽视了学术规范问题。

硬伤实例解析

下面介绍一些论文中存在的硬伤，这些实例都来自我指导过的专业学位学生的论文。

实例1：理论运用不当，如图2-1所示。作者为企业制定了一个差异化战略，为企业的一个产品制定了成本领先战略，这就属于理论上的硬伤。一般情况下差异化战略和成本领先战略两者不能兼得，迈克尔·波特的理论已经讲得很清楚了，差异化战略和成本领先战略不能同时实施，否则企业会面临"骑在中间"的困境，即没有实现真正的差异化，也没法做到真正的成本优势，这肯定是失败的战略。结果你在论文里说用差异化战略和成本领先战略，结果就是，论文有可能直接被判为不合格，因为违反了基本的原理。

还有，在SWOT矩阵、QSPM矩阵里有没有你提出的战略？有些论文在前面的战略制定和决策阶段，在这些工具里没有看到战略，但论文最后就突然提出一个战略，等于说你的论文是两张皮，你没有办法证明论文最后的研究结论是采用专业的研究工具经过前面的分析过程得出的，那专家仍然可能判定论文为不合格，这仍然是硬伤。

实例2：战略难以操作，如图2-2所示。作者的想法是早期通过低价格战略占领市场，后期再打造高端品牌形象。现实中，你怎么操作？早期

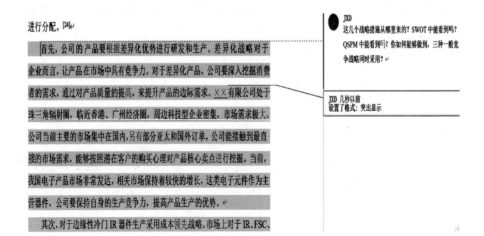

进行分配。[24]

首先，公司的产品要根据差异化优势进行研发和生产。差异化战略对于企业而言，让产品在市场中具有竞争力。对于差异化产品，公司要深入挖掘消费者的需求，通过对产品质量的提高，来提升产品的边际需求。XX有限公司处于珠三角辐射圈，临近香港、广州经济圈，周边科技型企业密集，市场需求极大。公司当前主要的市场集中在国内，另有部分亚太和国外订单，公司能接触到最直接的市场需求，能够按照潜在客户的购买心理对产品核心卖点进行挖掘。当前，我国电子产品市场非常发达，相关市场保持着较快的增长，这类电子元件作为主营器件，公司要保持自身的生产竞争力，提高产品生产的优势。

其次，对于边缘性冷门 IR 器件生产采用成本领先战略。市场上对于 IR、FSC、

JXD
这几个战略措施从哪里来的？SWOT 中能看到吗？QSPM 中能看到吗？你如何能够做到，三种一般竞争战略同时采用？

JXD 几秒以前
设置了格式：突出显示

图2-1　论文实例：理论运用不当

实施低价格战略的结果是，低价的品牌形象已经形成了，后面说要打造一个高端品牌形象，这在现实中是很难操作的，这也是硬伤。

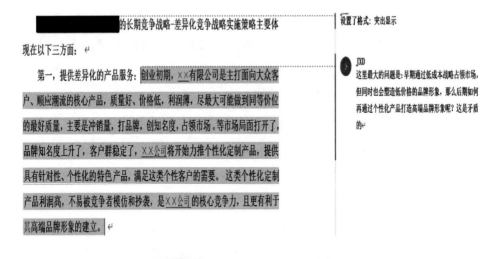

的长期竞争战略-差异化竞争战略实施策略主要体现在以下三方面：

第一，提供差异化的产品服务：创业初期，XX有限公司是主打面向大众客户、顺应潮流的核心产品，质量好、价格低，利润薄，尽最大可能做到同等价位的最好质量，主要是冲销量，打品牌，创知名度，占领市场。等市场局面打开了，品牌知名度上升了，客户群稳定了，XX公司将开始力推个性化定制产品，提供具有针对性、个性化的特色产品，满足这类个性客户的需要。这类个性化定制产品利润高，不易被竞争者模仿和抄袭，是XX公司的核心竞争力，且更有利于其高端品牌形象的建立。

设置了格式：突出显示

JXD
这里最大的问题是：早期通过低成本战略占领市场，但同时也会塑造低价格的品牌形象，那么后期如何再通过个性化产品打造高端品牌形象呢？这是矛盾的。

图2-2　论文实例：战略难以操作

实例3：工具运用不当，如图2-3所示。在战略类的论文中，矩阵尤其 QSPM 矩阵的应用错误非常多。这个例子就是把品牌战略、服务战略两个完全可以同时执行的、不同类型的职能战略放到同一个矩阵里面决策，这是不对的。这个矩阵是要决策什么问题？对同一个战略的不同方案，也

就是说同一件事有不同的做法。比方说你要出门，一个方案是往东边走，一个方案是往西边走，你能既往东又往西吗？不能把两个完全不相干的事情放到同一个 QSPM 矩阵里边比较和决策，这属于工具运用错误。

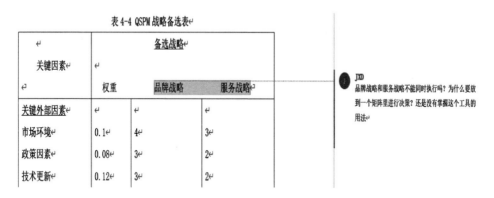

图 2-3 论文实例：工具运用不当

实例 4：矩阵运用错误，如图 2-4 所示。即在 QSPM 矩阵里决策的两个战略不是互相排斥的。QSPM 矩阵是要对两个互斥的战略进行决策，两个可以同时用、同时推进的战略不是互斥的，因此不能使用 QSPM 矩阵。

表 5-5 **QSPM 定量战略计划矩阵**

关键因素	权重	备选战略			
		内部科技创新战略		外部市场开拓战略	
		AS	TAS	AS	TAS
机遇					
1. 国家半导体政策扶持	0.2	3	0.6	3	0.6
2. 半导体行业发展加快	0.15	4	0.6	3	0.45
3. 电子市场需求旺盛	0.1	4	0.4	3	0.3

JXD
这两个战略从哪里来的？内部科技创新和外部市场开拓是互斥的战略吗？不是的，完全可以同时进行，所以不能拿到 QSPM 里进行决策。

设置了格式：突出显示

图 2-4 论文实例：矩阵运用错误

实例 5：方法运用不当，如图 2-5 所示。QSPM 矩阵要对不同的战略措施的吸引力进行打分，那就一定要评出差异，分数一定要不同，图 2－5 中的分数没有差异，两个方案吸引力一样，那就没法比较了。要给分，是因为它们有差异，结果分数完全一样，这属于方法运用不当。

只要有上面这些问题，评审专家就可以认为你没有掌握这个方法，这属于硬伤，构成判定你论文不合格的充分理由。这些硬伤都要避免。

机会					
1.居民财富向资管行业转移的长期趋势	0.2	2	0.4	2	0.4
2.大资管时代下的融合迹象明显	0.1	2	0.2	2	0.2
3.利率下行的背景对权益资产是利好	0.3	2	0.6	3	0.9
4.投资者越来越倾向于寻求专业投资者的帮助	0.2	2	0.4	3	0.6
5.金融科技的发展推动资管产品创新、服务效率提升	0.15	2	0.3	2	0.3
6.牌照管理抬升了准入门槛	0.05	1	0.05	1	0.05
威胁					
1.金融监管趋严的基调未变	0.15	2	0.3	2	0.3
2.投资者对期货资管的认知还不够	0.2	3	0.6	3	0.6
3.期货资管产品的被替代性较大	0.15	3	0.45	3	0.45
4.经济下行带来不确定性，新冠肺炎疫情冲击下资产波动加剧	0.2	3	0.6	3	0.6
5.投资者短期风险偏好回落	0.15	3	0.45	3	0.45
6.期货业内资管业务竞争激烈	0.1	3	0.3	4	0.4
7.对外部供应商和客户的议价能力较弱	0.05	2	0.1	1	0.05

JXD
如果分数一致，就没有比较的意义了，那就索性打掉，都不给分，这都是基本方法。

图 2－5 论文实例：方法运用不当

四、可操作的解决方案

任何一篇论文，重点和最核心的内容是作者提出的解决方案。提出问题、分析问题、解决问题，核心在解决问题。如果论文最终没有解决这个问题，前面分析得再好都没用，这也是可以认为一篇论文不合格的理由。所以，解决方案是论文的重点和核心，决定了论文的水平和价值。

1. 4W2H1IT

一篇合格的论文要提出可操作的解决方案。什么叫可操作的解决方案？很多同学都不懂。每年的学位论文评审，这个地方问题最多，说明大家不太清楚，就是这个解决方案到底要写到什么程度才算解决了问题。

本书总结了一下，可概括为“4W2H1IT”：

4W：what，where，when，who

2H：how，how much

1IT：if then

在论文中提出任何一个解决方案，都必须说清楚：你要做的是什么事情（what）；这个事情在哪儿干（where）；在什么时候干、干到什么时候（when）；谁来干（who）；怎么干（how）；花多少钱，投入多少资源干（how much）；如果出现特殊情况，这个事情干不了，这个计划实施不了，有什么备选方案（if then），这就是"4W2H1IT"。把上面这些事情全都说清楚了，这个方案就是可执行的、可操作的，否则就是空话。

很多同学把毕业论文最后的解决方案部分写成：要干什么，应该干什么，可以干什么，就是不说怎么干，这就有问题。

举个例子，如图 2-6 所示。这篇论文说，对于销售份额最集中的产品，公司应该进一步加大对其部门的规模投入，提升部门的直销能力，扩大市场调研范围，深度挖掘潜在客户和潜在市场，集中优势资源并努力拓展周边市场，实现直销渠道的延伸；加强对销售人员的业务技能培训，实施销售价格支持政策等保障措施，争取扩大销售份额。

图 2-6　论文实例：解决方案没有可操作性

这些可执行吗？没有一条可执行。图 2-6 中右侧是我的评语：销售份额最集中的产品是哪个产品？怎么加大投入？投什么、投多少，投人力还是投钱？怎么提升部门的直销能力？怎么扩大市场调研范围，扩大到什么范围？深挖潜在客户，怎么挖、挖多深，潜在客户、市场在哪里？拓展哪个周边市场，在哪里，怎么拓展？怎么培训销售人员的技能？要制定实施的支持销售的政策是怎样的。

如果这些内容都没讲清楚，那这一段话表达的是什么？这一段话其实就是本书下面要讲的"正确的废话"。大家注意，必须避免这种情况，不能空话连篇。

2. 必须避免"正确的废话"

什么叫"正确的废话"？两句话总结：哪家公司都适用的话就是"正确的废话"；直接套用教科书里的话也是"正确的废话"。

图2-6中的内容大家回头看，是不是哪家公司都适用？哪家公司不要加大投入，不要提升能力，不要扩大市场调研范围，不要挖掘客户，不要拓展市场，不要加强对销售业务员技能的培养？不用花一年时间写论文来研究这个问题，一年前你就可以这么说：我要加强销售，我要拓展市场，我要培训销售人员的技能。你的论文要回答的是：怎么做。

所以，凡是论文里写出类似的东西，你就按这个标准问自己：我提的这些东西是不是哪家公司都适用？如果是，就叫作"正确的废话"。正确，但是没用。如果你的论文里全是这些东西，可以认为论文没有解决问题，评审专家就可以根据这一条判定论文不合格。

还有一种情况，把教科书里的话大段大段地搬到自己的论文里。论文是要拿教科书里讲的理论去解决实际问题，给出实际方案，所以在论文里出现的教科书式语言也叫"正确的废话"。

我们看例子，如图2-7所示。"抓好人才队伍建设"等等，全都是"正确的废话"。业务人员要熟悉相关知识，为客户作出研判，懂得营销策略，这些要求不需要在论文中详述，大家都知道。

再看"充分利用优势"（见图2-8）。这也是废话，哪个公司的哪个战略不要利用优势？我们做所有的战略分析与制定，不都是要利用优势抓住机会吗？

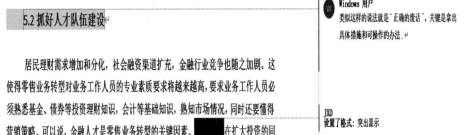

图2-7 论文实例："正确的废话"（a）

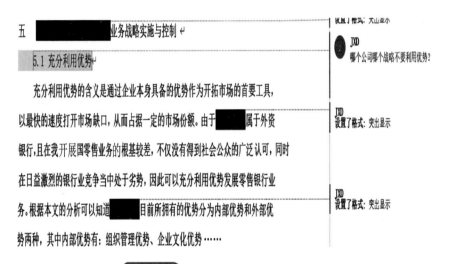

图2-8 论文实例："正确的废话"（b）

再看下面的例子（见图2-9）："制订详细的人才培训计划""进行多元化和多种方式的培训""进行职业规划培训""组织高端客户活动"，这些话大部分是"正确的废话"。

"树立市场营销观念……市场营销观念的演变大致经历了生产观念、推销观念、市场营销观念……"（见图2-10），这全部是教科书的语言，而你要写的是论文。

还有图2-11中的这个公司战略计划，写了一大段教科书上说的公司战略有多么重要，它是个复杂的系统工程，战略计划要怎么制定。这些内容

5.4.2 制订详细的人才培训计划

时下社会，企业之间的竞争最终是人才的竞争，此时人才的培养计划就显得尤为重要，而一个有效的人才培养计划，应该以人为本，合理培养。企业人才培养的核心不仅要依托人才的特长、动机及兴趣等，还应结合企业需求，进行多元化和多种方式的培训，这样人才培养不仅有目标、有方向并突出重点，而且可以对人才进行有效激励，保证培养出的人才能长期为企业服务，使人才培养效果达到理想状态。结合××公司市场营销战略的实施，可以从如下三个方面对公司采购人员进行培训，以期达到双赢的效果。

（1）加强对公司相关产品知识的培训

××公司应使战略管理团队成员熟悉公司相关产品，了解客户对公司产品的需求，以便相关人员在与客户沟通中能够切实了解客户的详尽信息。因此，××公司人事行政部可以组织战略管理团队人员进行系统的内部培训，使公司人员真正掌握公司相关产品知识与信息。

（2）注重对各层级人员进行职业规划培训

××公司员工的职业规划培训主要从以下两个方面着手：一是构建完善的职位架构，疏通职业发展通道；二是完善人力资源管理的基础工作，构建员工职业生涯管理体系。

（3）组织高端客户活动，让银行成为客户的机器猫。

服务高端客户要做到的是无论客户有什么问题，第一时间想到的就是他的专属客户经理。银行的客户非常多，客户的职业各不相同，为客户服务要更加人性化，将客户紧紧抓在手中，真正用心去对待客户。

（4）零售业务批发做。零售业务的发展离不开对公业务的支持，在支行行长的带领下，在对公客户经理的领导下，将业务深入开展到公司内部，建立良好的配合机制；零售综合客户经理可以通过圈子营销，个贷经理可以批发做业务，跟中介公司、大型楼盘的销售人员建立联系，这些都是批发的形式。

（5）区别服务，提炼优质客户，让有限的精力产生最大化效应。不同层级的客户由不同的客户经理服务，普通的客户就由储备人才服务，中端客户由理财经理服务，高端客户由团队服务。零售团队成员有限，零售费用有限，将有限的精力放在最优质的客户身上，如果每个员工都有 50 个 100 万以上的客户，我们的营销边际成本将会越来越低。

图2-9 论文实例："正确的废话"（c）

5.1 ▌▌▌▌▌**市场营销战略计划**

5.1.1 树立市场营销观念

市场营销观念是指导营销的一种基本思想，一种企业思维方式，是企业家开展经营活动依据的经营原则，它是随着市场营销环境的变迁而不断演变的。市场营销观念的演变大致经历了生产观念、推销观念、市场营销观念、营销战略观念四个阶段。

（1）生产观念。生产观念是指"企业生产什么，就卖什么"的"以产定销"的观念。该观念是社会产品供不应求即短缺经济条件下的一种营销观念。由于产品供不应求，销售不成问题，企业获利的唯一途径是增加产量，提高质量和降低成本，以物美价廉的产品供应市场。在生产观念指导下，企业把精力集中在生产管理上，根本不过问或很少过问市场需求情况。

（2）推销观念。推销观念是指企业在集中一部分精力用于生产的同时，加大力量进行产品推销的一种观念。加强推销的方法是建立大量分销系统，进行广告宣传，来适应生产的不断发展和市场的日益扩大。这种观念认为，企业只有大量销售，才能生存和发展。这是社会上许多产品开始供过于求的条件下的一种营销观念。

（3）市场营销观念。市场营销观念是"消费需要什么，就生产什么"的"以销定产"的观念，是社会产品进一步供过于求，社会由短缺经济转为过剩经济，整个市场由卖方市场转变为买方市场条件下的一种营销理论。企业需树立市场营销观念，把用户视为"上帝"，作为营销工作的根基。经常组织力量深入市场进行调查研究，由企业重要领导率领企业骨干组成的市场调研组，遍及……

（右侧批注）JXD
设置了格式：突出显示

Windows 用户
这些是"正确的废话"，
删掉。

图2-10 论文实例："正确的废话"（d）

教科书上早就说清楚了，这部分内容也是"正确的废话"，你要拿出的是公司的战略计划。

那怎么写才不是"正确的废话"呢？表2-1来自王胜利同学的优秀论文。他要做产品差异化，要拿出一个实施计划来。这是他论文中的表格，后面还有文字。实施方案做哪几件事情，具体措施是什么，谁来跟进这件

（一）公司战略计划与实施

1、公司战略计划

　　××公司战略的选择、制定和实施是一项复杂的系统工程，需要制订战略计划，<u>让战略</u>真正落实到公司的实际工作中，才能凸显战略的指引作用。战略计划作为公司发展的系统工程，做好前期战略计划和准备是确保公司战略顺利实施的关键，继而引导公司按照所制定的发展战略行进。公司需要在战略计划中，明确加强公司内部战略培训工作，从上到下宣传教育，加强公司所有员工对公司未来发展战略的理解和支持，全员配合战略的实施，激发公司员工工作热情和积极性，奠定公司战略实施的坚实基础。公司战略计划的制订具体如下：

　　（1）按照时间维度，将公司发展战略目标按照公司实际发展情况进行分解，根据时间进度将战略发展的阶段性计划和目标明确化、具体化、清晰化。

　　（2）按照空间维度，将公司发展战略目标按照公司组织架构进行分解，将战略发展的阶段性计划和目标具体落实到各个部门，确保公司战略目标有序实现。

图 2-11 论文实例："正确的废话"（e）

事情，计划的时间是什么时候，要花多少钱来支持，一旦出现问题，谁来控制风险，怎样评估风险，写的都很清楚。这就是可操作的解决方案。

表 2-1 论文实例：可操作的解决方案

实施方案	具体措施	跟进人	计划时间	资源支持	风险控制
通过微创新及产品迭代，实现产品差异化	1. 对常规水族箱进行产品迭代 2. 成立改善评选小组，每月评优 3. 每月改善目标 60 件	项目小组负责人	2020 年开始每月 10 日前评奖	月财务预算 20 000 元	总经办监督每季度进行总结评估
⋮					

　　大家可以体会一下这张表和前面几张图的差异，为什么前面的例子是"正确的废话"，而这个就不是"正确的废话"，这些方案是可操作、可执行的。

　　再举个例子，你要装修房子，你问我：贾老师，我现在准备装修我家房子，你觉得该怎么装修？我跟你说一堆话：你家房子装修呢，可以丰俭由人，你要钱多呢，就可以多花点钱，你要钱少呢，就少花点钱；看你喜欢什么风格，你要喜欢欧式的，那就装成欧式风格，你要喜欢中式的，就装成中式风格；想铺木地板就铺木地板，想铺瓷砖就铺瓷砖。怎么样，我给你的这个建议可行吗？是不是"正确的废话"？这些话有用吗？什么用都没有。你如果去找一家装修公司，设计师给出这么一个方案，你会接受吗？肯定不会吧，他要拿出具体方案才行吧？比如：我现在准备花 20 万元装修一下房子，我的具体要求有几点，你要根据我的要求拿出具体方案。设计成中式、欧式还是什么风格？用木地板还是用瓷砖？花多少钱？成本多少？人力物力多少？什么时候施工？什么时候交工？这些都说清楚了，才叫作可操作的执行方案。

大家可以参考书后附录 2 中王胜利同学的范文，他每一部分都有具体的操作计划、服务差异化、渠道差异化、品牌差异化、战略人力资源保障计划，后面的保障措施都有可操作的内容，这才叫可操作，大家一定要写到这个层面。

五、论文中的文字表达

1. 论文中文字表达的基本要求

下面来讲文字的问题，一篇合格的论文在文字表达方面要达到下面的标准：

（1）语言通顺流畅，表意清晰，避免带有感情色彩。论文一定要用客观理性的陈述句，讲事实、摆道理，论证你的观点，但不能带有感情色彩，把意思表达清楚就行。

（2）用书面语、专业术语表达和论证，能用图表就不用文字。要用书面语言表达，要用专业术语表达，不要口语化，不要用俗话，能够以图表形式来表达清楚的，就不要用文字，或者用图表呈现后用文字来解释。

（3）术语要全文统一，有分歧的术语提前界定。例如，论文是写市场营销策略，那么全文都要用"市场营销策略"这个术语来表达，不要题目写的是市场营销策略，后面正文又出现市场营销战略，"战略""策略"混为一谈。如果对一些专业术语的界定学术界是有分歧的，那在论文开始就要解释清楚。比方说，战略有广义的定义，有狭义的定义，那么写战略类的论文，在前面就要说清楚，本论文里研究的战略是广义的还是狭义的概念。

写论文的时候要特别弄清楚一些常见的概念，不能混淆。论文里经常混淆的概念有：战略和策略，分析和制定，实施、控制和保障，发展战略、公司战略和业务战略，等等。这些概念的内涵都不一样。我指导的战略类的论文里，很多人经常把这些概念混淆，如果连这些概念都没弄清楚，论文一定写不好。

（4）避免使用企业的宣传语言。论文是很严肃的，在介绍企业的时候要客观，避免直接用明显带有广告宣传意味的表达。

（5）不能有逻辑性的错误。论文的语言表达里不能存在逻辑错误，这样写出来的论文就没法有效证明作者的观点，当然就不合格了。

2. 文字表达问题实例解析

实例 1：病句，见图 2-12。看这篇论文的摘要："进入 21 世纪，随着我国加入新中国成立后……""虽然我国的观赏类植物起步较晚……"这些都是病句。问题出在哪里？出在摘要里边。当然这是他写作过程中的问题，后来都改了。如果你正式提交的论文，在中文摘要里有这样词不达意的语句和文字，评审专家可以直接判定论文不合格。

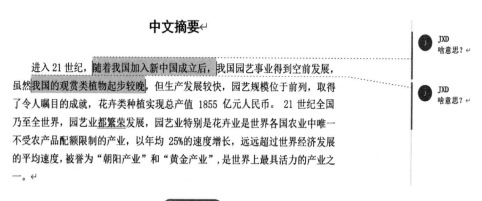

图 2-12　论文实例：病句

实例 2：感情色彩过于浓厚，见图 2-13。这段话写得很有文采，很有想象力，很有场景感，但这是文艺作品，不是学术论文的写法。这么写感情色彩太浓了，学术论文这么写是不行的。

可以这么说，传统纸媒近些年基本可用"措手不及"四字形容。于内而言，纸媒从事业单位体制脱离，在迷惘和慌乱中走进了市场的大海。它必须探索建立出版单位的现代企业制度，推进其资源整合和结构调整，努力完成深化改革任务，促进其自身的发展；于外而言，当纸媒还未适应大海的水温之时，又需要面对科技大浪潮带来的移动互联网的洗礼，而这样的洗礼是极为残酷的，当纸质媒体刚从跃跃欲试到终于狠下心来跳进互联网这片海洋之时，门户网站又沦为传统媒体了，博客又死了，微博热闹了两三年也莫名其妙淡忘了，微信朋友圈的用户也开始喜新厌旧了。

JXD
学术论文与文学作品文风不同，学术论文中不应出现文学化的表达和带有感情色彩的表达，全文都要注意

图2-13 论文实例：感情色彩过于浓厚

实例3：未运用图表呈现数据，见图2-14。说某某杂志的发行量逐年下降，2012年多少册、2013年多少册、2014年多少册，类似的表达都应该用图表。文章的体裁是论文，论文是用数据和图表来论证作者的观点，核心在论证。文字是来论证论点的，图表是用来呈现数据并支撑你的论点的，数据要尽量用图表来表达。

4、××杂志的发行分析

由于受新媒体的影响以及同质化的杂志的挤压，××杂志发行量呈逐年下降趋势，2012年全年发行量为450万册，2013年全年发行量为390万册，2014年全年发行量为330万册，2015年全年发行量为280万册。

JXD
类似的数据用图来表达就更加形象和直观

图2-14 论文实例：未运用图表呈现数据

看图2-15，运用图表展示更加直观，这样表达非常清楚。这是王胜利同学统计的，MBA优秀论文平均要用21张图、17张表，优秀论文里图表加起来平均38张。所以同学们要学会用图表来表达观点，呈现论据。如果论文从头到尾都是大段的文字阐述，肯定是不合格的。专业学位论文强调用图表来表达作者的思想，证明作者的观点。

实例4：专业术语混用，见图2-16。这篇论文的题目是：××公司营销战略研究，但是，中文摘要里用的术语却是营销策略。这就是把专业术语用错了、搞混了。研究策略就写策略，从头到尾都写策略，研究战略就是战略，从头到尾都是战略。不要一会儿是战略，一会儿是策略，说轻了

MBA优秀论文平均图表数量

图 2-15　论文实例：运用图表展示更加直观

是术语运用不规范，说严重了是跑题，这都是硬伤。

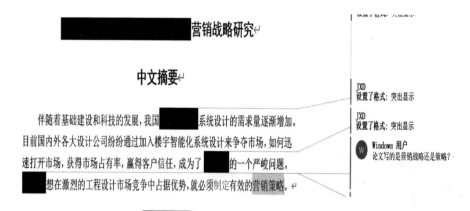

图 2-16　论文实例：专业术语混用

　　实例5：逻辑错误，见图 2-17。这个小标题说：发挥内外部优势，扭转不利局面。我们学过战略都知道，优势是企业内部的战略要素，外部的战略要素是机会和威胁，外部哪里来的优势？这就是逻辑错误，而且该理论并不适用于这篇论文，这些都属于硬伤，构成专家直接判定论文不通过的理由。

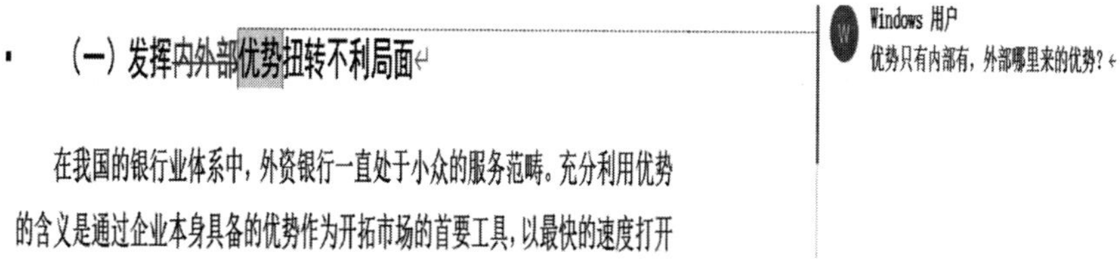

・（一）发挥内外部优势扭转不利局面

Windows 用户
优势只有内部有，外部哪里来的优势？

　　在我国的银行业体系中，外资银行一直处于小众的服务范畴。充分利用优势的含义是通过企业本身具备的优势作为开拓市场的首要工具，以最快的速度打开

图 2-17　论文实例：逻辑错误

实例 6：文字带有企业宣传语，见图 2-18。这篇论文是在讲一个新的组织模式，这个组织模式"自 1991 年在美国问世以来，……濒临破产，与此对应的传统企业却迎来了新的转机"。企业都濒临破产了，你还研究什么？文章后面写道："××公司的成功和××董事长的睿智分不开，他……成为当代青年的挚爱，并成为一股时尚清流。"这就明显带有企业宣传色彩。在学位论文里要以平实的语言，理性、中立、客观的态度，只陈述事实，不要加入带有感情色彩的判断，不要使用"挚爱""时尚清流"，这都是企业宣传语，不应该在学术论文里出现。

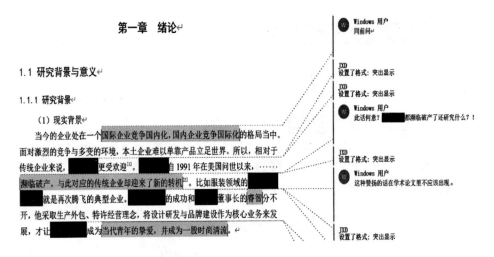

图 2-18　论文实例：文字带有企业宣传语

六、论文的封面、题目、摘要与关键词

关于论文的封面和题目，请切记，论文封面上绝对不允许出现任何错误，哪怕是一个标点符号错误。论文中文题目和题目的英文翻译，绝对不能出现任何错误，哪怕是英文字母大小写。在论文封面上出现任何错误都是不可原谅的。一篇论文几万字，有个别错别字，虽然不应该，但偶尔出现也能理解，但如果在封面上出现明显错误，那只能表明是态度问题。态度有问题是不可原谅的，到答辩的时候论文有可能被判定为不合格。

我发现在封面题目里出现最多的英文翻译错误是公司名称。以图 2 - 19 为例。首先，company 首字母没有大写。其次，论文中的公司是某某有限责任公司，但 company 是公司的总称，有限责任公司应翻译为 Co. , Ltd. （注意里面的小圆点和逗号都不能少，不能错）。有同学把有限公司直接翻成 company，这种错误是不应该的。

图 2 - 19 论文实例：论文题目英文翻译错误

摘要是题目的扩写，题目展开就是摘要，摘要再展开就是整篇论文。同时，摘要又是论文全文的缩写，要反映整篇论文的所有内容，所以要言简意赅，准确全面。看了论文摘要别人就知道论文在讲什么。专家在评审论文的时候，一般都是先看封面、题目，再看摘要，摘要一定会认认真真看，看完之后才会看论文。专家看论文有时候会看得比较快，但是摘要一定会慢慢地仔细看，因为看了摘要就知道了论文的主要内容。所以，如果在摘要里出现明显错误，评审专家一开始就产生了一个不好的印象，那论文想拿到好成绩就很难，还会有通不过的风险。

所以，摘要一定要言简意赅、准确全面地反映论文的整体内容。一般来讲，摘要是等到全文定稿以后再来写，文章基本定稿了，内容都有了，结论也都出来了，再浓缩地写摘要。摘要里既要讲论文的背景与意义，又要讲研究问题，还要讲论文研究运用的理论、方法和工具，更要讲研究结论，最后提出了什么方案，总之要完整地反映论文的全部内容。

摘要中绝不能有任何文字、标点的错误，任何细节错误都不能出现，不应该出现图表、数学公式、符号、缩略语等错误，一般 500 字左右为宜，A4 纸大半页就够了（当然如果论文篇幅较大，摘要也可以适当长一些）。中文摘要之后是英文摘要，英文摘要的翻译质量至关重要，绝不能直接用机器翻译，一定要自己检查，也不能写成中式英语。答辩的时候，有的专家专门看英文摘要，如果英文摘要里的翻译有明显错误，甚至闹出笑话，或者一看就是用机器直接翻译的，都没有检查过，就有可能导致在论文答辩时不能通过。

摘要之后，要给出关键词。关键词是什么？别人要检索你的文章，有几个关键词就好检索，所以一般来讲，论文中的核心概念、具有实质意义的高频词，能够反映研究内容、使用的方法、得出的结论的词，就是关键词。要避免生僻的词，避免用不正确的英文简写。

七、论文的编号、标题、标点与标注

大家要特别注意论文里的编号与标题，一定要规范。编号系统是为了分出论文表述的层次，论证要层层递进，就需要采用编号系统来进行标识，让读者清楚地看到论证和讨论问题的思路和逻辑。有的论文的编号系统是这样的：标题 1，小标题 1.1，下一级小标题 1.1.1；有的论文的编号系统是用章或节，章下面用 1.1；有的论文不用章节，是"一""（一）""1""（1）"这样几个层次。论文的编号体系一定要规范，用哪一个编号体系就要按这个体系的编号形式来体现标题的层次，不能乱。

那么论文题目和大标题、小标题是什么关系呢？是逐层分解的关系。论文里的几章，或者几个大标题，就是对论文题目的分解，任何一章的标题，或者一个大标题拿出来，下面的几节、几个小标题就是对这个大标题的分解，就这样逐层分解构成了一个完整的体系，每一节，每个小标题下加入文字、图表来论证，最后就形成了一篇完整的论文。所以，标题的表述要非常准确，要体现对论文题目的逐层分解。要注意的一点是，下级标题不能和上级标题的表述完全一样，否则就不存在逐层分解的关系了，这是大家的论文里经常出现的问题。

论文里所有的标题都尽量不要太长，以 20 个字以内的单句为宜，标题中间、标题后面都不要出现标点符号。不要在标题中间用逗号，后面再跟一句话，或者标题之后来个句号，这都不需要。

还要注意一点，论文的层次也不能太多，如果层次太多，读者反而看不清楚论文论述的逻辑和要点。一般情况下，建议分三层，最多分四层。比如说，论文的小标题编号已经到5.2.2了，就是已经分到第三层了，如果下面再加小标题5.2.2.1，层次就太多了，5.2.2下面的分层表述就可以通过段首的文字来表达，比如：首先、其次、最后或者第一、第二、第三。这同样体现了论述的分层递进，但逻辑上清晰很多，便于读者理解。

当然，不同学校的论文模板可能不一样，编号系统也不尽相同，所以大家要参考自己所在学校的模板，一定要符合规范。

还有一个常见问题是，如果一个标题下面的内容只有一两句话，不管这个标题在哪个层级，都说明这个标题是不必要的，因为下面要表达的内容太少了。你想写好几段话，这几段话都有不同的意思的时候，需要把它分开来表达，这才有设立标题的必要性，否则标题就是多余的。类似地，如果在一个标题的下面，只有一个小标题，那也说明这个小标题是不需要列出的，只有大标题能够和需要分解为两个或两个以上小标题的时候，才有必要划分小标题。

在论文中正确使用标点符号非常重要，而这一点很多同学不重视，经常出现标点符号使用错误的情况。另外需要注意的是，在论文正文中要用中文标点，在英文摘要中要用英文标点。

论文的参考文献和标注要按照学术论文的格式规范来陈列和引用，同学们必须学习和掌握这些基本的规范，这是一篇合格、严谨、科学的学位论文的基本要求，必须得到高度重视。一般文献的类型标识如图2-20所示。

要注意，文献标注一定要细心，反复检查，不可以有错误。如果你在文献里总是少这少那，少了个圆点、少了个括号，或者该标页码的没标页码，毕业答辩的时候就有可能通不过。答辩的时候有专家特别留意看英文摘要，有专家专门看参考文献格式，所以哪个方面都马虎不得。常见的参考文献标注方式如图2-21所示。

文献类型标识:

- **J**——期刊文章
- **M**——专著
- **N**——报纸文章
- **C**——论文集
- **D**——学位论文
- **R**——报告
- **S**——标准
- **P**——专利
- **A**——析出文献
- **DB**（数据库）/**CP**（程序）/**EB**（电子公告）——电子文献
- **Z**——其他未定义类型的文献

图2-20　　一般文献的类型标识

[1] 刘国钧, 陈绍业, 王凤翥. 图书馆目录[M]. 北京:高等教育出版社, 1957:15-18.

[2] 辛希孟. 信息技术与信息服务国际研讨会论文集: A集[C]. 北京: 中国社会科学出版社, 1994.

[3] 张筑生. 微分半动力系统的不变集[D]. 北京: 北京大学数学系数学研究所, 1983.

[4] 金显贺, 王昌长, 王忠东, 等. 一种用于在线检测局部放电的数字滤波技术[J]. 清华大学学报（自然科学版）, 1993, 33(4): 62- 67.

[5] 何龄修. 读顾城《南明史》[J]. 中国史研究, 1998, (3): 167-173.

[6] 赵玮. 运筹学理论与应用:中国运筹学会第五届大会论文集[C]. 西安:西安电子科技大学出版社, 1996: 468-471.

[7] 谢希德. 创造学习的新思路[N]. 人民日报, 1998-12-25(10).

[8] GB/T 16159-1996，汉语拼音正词法基本规则[S].

图2-21　　参考文献标注方式举例

论文中出现的所有图表都要标注准确可查的来源,这也是同学们经常忽视的问题。如果这个图表来自某一本书、某一篇论文,那么在图表下面就要标注"资料来源",按照参考文献的规范格式,给出这本书、这篇论文的全部信息,不能缺少任何要素,比如只提供书名和作者,没有出版社和出版时间信息,是不行的,信息一定要完备。如果这个图表来自某个网站,那就要提供网站名称和文章链接。总之,要让读者能够根据你提供的信息找到这个图表。如果图表是自己做的,就写"作者自制",如果根据某个文献里的图表进行了调整、修改或整理,就写"根据某某文献整理"。

写论文的过程能够帮助你提高自己各方面的能力。在做参考文献整理和标注的时候,就是在提高你细心工作的能力,同时也让你掌握一般的学术规范,这都是你通过学位论文写作取得的进步,一定要认真对待。

一般来说,一篇合格的专业学位论文需要多少参考文献呢?优秀论文平均有中文参考文献 32 篇,英文参考文献 6 篇,也就是 40 篇左右。当然这个没有绝对的标准,以我的经验,中英文参考文献 20~40 篇比较合适。

八、论文的附录与致谢

在论文正文里不宜加入的内容,主要是论文研究过程中用到的调查问卷、数学证明和推导过程、其他说明材料等,一般都放到论文的附录里。这些材料之所以不在正文里出现,一般是因为篇幅太长,或者是为了不影响论文正文的连续表达,放到论文的附录中供读者查阅。

在论文的最后,一般都有致谢,是作者表达对老师、学校、单位、同事、同学、家人等对论文写作提供了支持和帮助的人和单位的感谢。致谢是论文作者可以自由发挥的部分,想写多长都没关系,想用什么方式、什么文体写都可以,散文、诗歌也可以。可以写一段话,也可以写两页纸,但要强调的是,致谢不可以出错,更不可以出低级错误。

请看图 2-22 中的这个致谢。前面是"在尊敬的导师贾旭东教授的悉心指导下""无不倾注了贾导师的心血",后面是"在此谨向李导师致以最衷心的谢意!"导师到底姓贾还是姓李呢?

致谢

本文是在尊敬的导师贾旭东教授的悉心指导下完成的。从论文的选题、结构的编排、后续素材的整理和收集,以及修改到最后论文定稿,无不倾注了贾导师的心血。在学习过程中,导师严谨的治学风格、渊博的知识和平易近人的工作态度,使我受益匪浅。在此,谨向李导师致以最衷心的谢意!

其次,感谢兰州大学MBA中心的任课老师,他们耐心的指导和无私的帮助让我提高了知识水平,拓展了视野,提高了实际工作能力。同时感谢2017级MBA班所有同学的支持和帮助,感谢有机会和你们共同度过这三年的美好时光。

再次,感谢家人和同事对我学业的支持,他们无私奉献,在物质和精神上给了我莫大的支持和鼓励。人生的道路上,学无止境,我会继续努力学习和不断地提高自己。

最后,请允许我向所有支持我和帮助我的老师、同学、同事和朋友们表达我来自心底诚挚的祝福,祝你们工作顺利、生活美满。

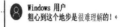

Windows 用户
粗心到这个地步是很难理解的!

图2-22 论文实例:致谢对象不一致

还有同学在毕业答辩的时候,在提供给答辩专家阅读的论文致谢里写:"非常感谢××学校××学院,非常感谢我的导师××教授!"当然他不是有意的,是在论文打印过程中把送审版的论文当作答辩版了。但这种错误在答辩现场出现,会让答辩专家怎么看?这反映了作者的态度不认真。这种错误不应犯。千万不要以为致谢可有可无,没有论文正文那么重要,有些专家在答辩的时候会专门看致谢。

所以大家一定要记住,论文的开始和结束部分,包括封面、摘要、题目、目录、致谢,一个错都不能出!要反复仔细检查,确保万无一失。

九、论文写作经验谈

下面介绍论文写作中的经验。

第一,要以获得优秀论文为目标。要给自己制定一个尽量高的标准,当然最好以优秀论文为目标。参考本书提供的优秀论文范本,按优秀论文的标准写,即便得不到优秀,也能得个良好;如果以良好为目标,写不到良好可能得个及格;如果你的态度是60分万岁,及格就行了,大概率就及格不了，通过不了。

第二，论文写作宜早不宜迟，越早下手越主动，越快完成越轻松。一定要尽快尽早完成初稿。如果 10 月份不能完成初稿，时间已经开始紧张了，如果 12 月份还不能完成初稿，后面就得加班加点写论文了。如果再晚一点，基本上不太可能写出一篇高质量的论文，想顺利通过学位论文答辩就有风险了。

第三，自己拿不准的地方要勤问导师、早问导师。所有的导师都会对同学的问题有问必答。但是你不问，导师就不知道你的问题在哪里。导师指导多个学生，时间很紧张，所以有问题就要问，尤其要早点问。

第四，善于利用时间，集中突破。写论文真心不容易，老师非常能够理解。特别是在职的同学，白天要工作，有的还经常加班，的确很辛苦。所以我的建议是：不要每天回家写一两个小时，这样效率很低。把平时的零散时间用来收集资料，利用节假日整块的时间来撰写论文。只要思路清楚，开题报告写得好，集中两周时间，一篇 5 万字左右的论文初稿是可以写出来的。

十、论文写作中与导师的沟通

需要特别强调的是，同学们要注意在论文写作过程中跟导师的沟通。一定要记住：论文是自己的，不是导师的！导师的责任是帮助你选好题，提出要求，指导方向，帮你把关，但写论文是你自己的事情。很多同学把写论文的希望寄托在导师身上，到最后写不出来问导师：老师，我写不出来咋办？他只能说：写不出来就继续写，今年写不出来还有明年。

1. 三个忠告

给大家三个忠告。

第一，选导师的时候，要根据自己论文的研究问题和研究方向来选。很多专业学位同学爱选自己喜欢的老师，喜欢听他的课，或者跟他关系比较熟，所以就选这个导师了，这肯定是不对的！因为每个老师都有自己的研究领域，有自己的专业方向，你应该先确定你的方向和研究问题，结合本书前面讲的选题要求，再来考虑指导这个方向的导师有哪些，如果你喜欢的、和你关系好的导师的指导方向和你的论文研究方向一致，那当然最好，但如果他的指导方向和你的论文研究方向不一致，你就只能选其他导师。你要优先考虑论文的内容与导师的专业方向匹配。在论文写作过程中，导师和你的关系始终是：他要指导你写出一篇好论文，所以方向的匹配是第一位的。

第二，要高度尊重导师的意见和建议。导师会给你的论文提意见和建议。他在论文写作上更专业、经验更丰富，他肯定比学生更了解写论文的规范。当然不是说导师的意见建议都对，跟导师意见有分歧也很正常，你可以跟导师沟通、商量，但是要充分尊重导师。

同时要特别提醒大家的是：别耍小聪明！下面举两个真实的例子。

(1) 删除导师的修改意见（见图 2-23）。这位学生把导师上一稿给他的修改意见删掉，下一稿原封不动拿过来，这不是耍小聪明吗？

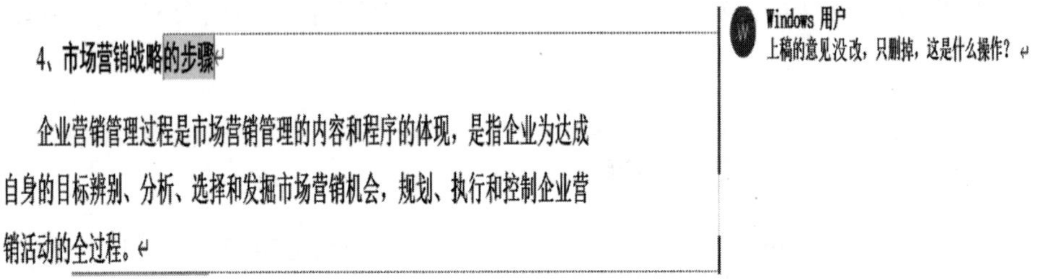
4、市场营销战略的步骤

企业营销管理过程是市场营销管理的内容和程序的体现，是指企业为达成自身的目标辨别、分析、选择和发掘市场营销机会，规划、执行和控制企业营销活动的全过程。

Windows 用户
上稿的意见没改，只删掉，这是什么操作？

图 2-23 论文实例：删除导师的修改意见

(2) 低水平重复（见图 2-24）。图中左边是我给这位学生论文第 5 稿的评语，右边是给他论文的第 10 稿的评语，改到第 10 稿了没有任何进步。我前面反反复复地讲，要好好读书，要去掌握基本理论、工具和方法，要弄清楚基本概念，写到第 10 稿了，仍然是低水平重复。这位学生说，我很忙啊，我今年一定要毕业。论文的基本标准放在那里，达不到基本水平，导师就不会同意送审。

第三，要高度重视和导师的沟通。如何和导师沟通呢？下面是几个建议。

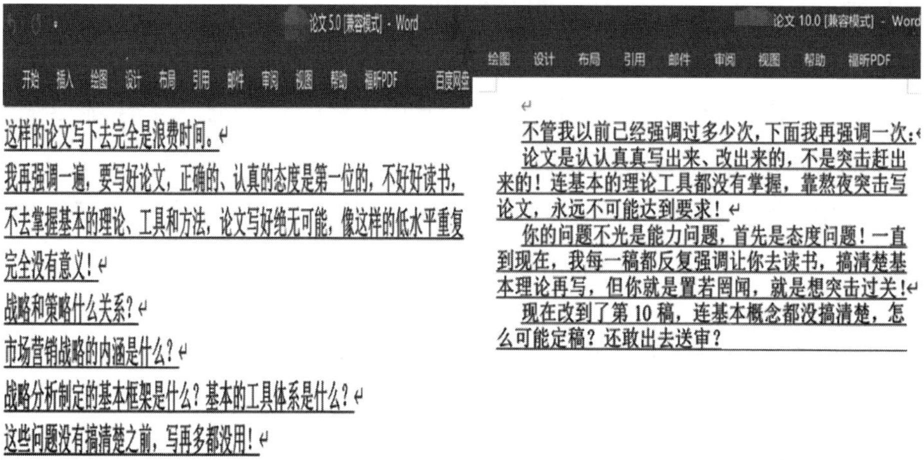

论文 5.0 [兼容模式] · Word 论文 10.0 [兼容模式] · Word

这样的论文写下去完全是浪费时间。

我再强调一遍，要写好论文，正确的、认真的态度是第一位的，不好好读书，不去掌握基本的理论、工具和方法，论文写好绝无可能，像这样的低水平重复完全没有意义！

战略和策略什么关系？

市场营销战略的内涵是什么？

战略分析制定的基本框架是什么？基本的工具体系是什么？

这些问题没有搞清楚之前，写再多都没用！

不管我以前已经强调过多少次，下面我再强调一次：论文是认认真真写出来、改出来的，不是突击赶出来的！连基本的理论工具都没有掌握，靠熬夜突击写论文，永远不可能达到要求！

你的问题不光是能力问题，首先是态度问题！一直到现在，我每一稿都反复强调让你去读书，搞清楚基本理论再写，但你就是置若罔闻，就是想突击过关！

现在改到了第 10 稿，连基本概念都没搞清楚，怎么可能定稿？还敢出去送审？

图 2-24 论文实例：低水平重复

首先，要了解导师的生活习惯和规律。有些导师属于"早起鸟"，大清早起来工作，有些导师属于"夜猫子"，晚上 10 点还处于工作状态。你要了解导师的生活习惯，知道什么时候打电话跟他沟通比较方便。打电话之前，先问问导师这会儿有没有时间，是否方便通电话，这都是些基本的礼节，非常重要。

其次，要了解导师习惯的沟通方式。不同的导师习惯的沟通方式不一样：有些导师喜欢面谈；有些导师喜欢打电话或者用微信语音；有些年纪大一些的导师眼睛不好，不喜欢看电子版，你要打印好论文寄给他；有的导师喜欢发邮件；有的导师直接在微信上答疑。所以你要问清楚，导师习惯以什么方式来沟通，那你就用什么方式跟他沟通，这样就会比较顺畅。

2. 和导师沟通的大忌

（1）发论文不及时通知。你把论文通过邮件发给导师了，但你没告诉老师，结果过了一个月你问："老师，我一个月前给您发论文了，请问您有没有修改？"导师说："我没看到啊，你发过论文吗？"最后一查，你的邮件在垃圾箱里。发完邮件要及时通知导师，他知道了才好去查收，如果收不到他会及时问你，这样就避免出现上述情况。

（2）不给导师留审阅时间。明天学校就要提交论文了，你前一天晚上给导师发过去，不给导师留审阅时间吗？

举个例子（见图 2 - 25）。这位学生在写开题报告的时候，发了第 3 稿后说，"希望及时得到您的宝贵意见"；发第 4 稿的时候说，"希望能尽快得到您的宝贵意见"；到发第 5 稿的时候，已经快到学校提交论文的日子了，他开始给导师规定修改时间：希望可以在哪天之前收到导师的修改意见。

贾教授
您好，

这是我开题报告的三稿，希望及时得到您的宝贵意见！谢谢您！

　　贾教授：

　　您好，

　　附件是我论文开题报告四稿，希望能尽快得到您的宝贵意见，谢谢您！

　　　　贾教授，

　　　　您好，

　　　　我已按照您的批注要求对论文进行了彻底修改，由于修改量较大，因此周期较长，希望您能见谅！
　　　　我第一稿由于问题较多没有通过中期审核，这段时间我将战略管理的相关知识进行了系统梳理，完成了我论文的五稿。如果可以希望能在2月28日之前收到您的修改意见。
　　　　谢谢您！

图 2 - 25 论文实例：不给导师留审阅时间 （a）

再看图 2 - 26，到了论文第 4 稿，学生说"我……出差一周，为了不耽误论文进度，我给自己定的目标是 10 号前能定稿，并且能一次性通过查重，希望能得到您更多的支持与帮助"。这都是在给导师规定时间。

贾教授，
您好，

这是我论文第四稿，请您查收。由于我3月10日-3月17日要在境外出差一周。为了不耽误论文进度，我给自己定的目标是10号前能定稿，并且能一次性通过查重，希望能得到您更多的支持与帮助，谢谢您！

发给：
附件：

口口口口
邮件详情 ∨

图 2 - 26 论文实例：不给导师留审阅时间 （b）

3. 和导师沟通的其他细节

比方说，一位学生发电子邮件给导师，论文作为附件，文件名直接用"兰州大学管理学院毕业论文模板"。你要知道，如果你的导师指导 10 个学生，一个学生平均改 5 稿就是 50 篇论文，文件名上不写作者的名字，不写这是作者的第几稿，导师只好再去查这个附件是谁发的，这就增加了老师的工作量。

论文中要写题目和作者姓名，看这篇论文（见图 2 - 27），学生发了新的一稿给导师，不写题目不写作者姓名，导师不记得该论文的题目是什么，只得去找开题时候的论文题目，据此判断内容对不对。这是对导师不尊重，也是对自己的论文不负责任的行为。

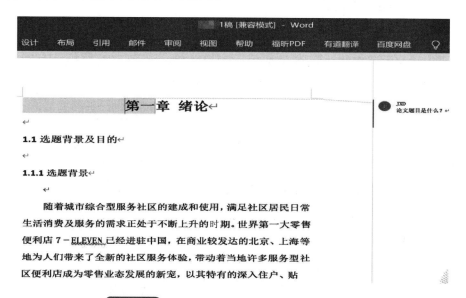

图 2 - 27　论文实例：论文中无题目无作者姓名

还有的学生，给老师发个邮件，正文一句话都没有，一个称呼都没有，直接把论文当附件发，当然老师一般不会计较，但这不太礼貌。

还有一件事一定要注意，在你给导师发邮件后的一段时间，最多两周，如果没有收到导师回复，就一定要提醒导师。要知道导师都很忙，而且他同时指导多个学生，难免会有疏忽。

再给大家一个建议，把发给导师修改的论文的文件名格式设置为：张三 论文 1.0（2.0，3.0，…）。第一次发给导师的时候是 1.0，导师修改完给你发过来就是 2.0，你在 2.0 的基础上又做了修改，等你修改定稿了以后，你觉得可以再发给导师了，就是 3.0。这样你和导师都不会乱，事先就要和导师定好这个规则。学生跟导师之间论文编号搞混了，浪费的是两个人的时间。

上面这些细节大家也要特别注意，不要马虎。

第二节　专业学位论文的查重、送审与答辩

一、论文的查重和送审

在查重和送审环节，大家不要心存任何侥幸。按现在的机制，查重过不去，论文就要重写。在这个环节，如果在学术规范上有瑕疵、有问题，就是给自己埋了一颗不定时炸弹。即使你已经毕业了，学位证也拿到了，教育部抽查结果如果论文不合格，那么学位证书被收回，这几年书你就白读了。当然这个审查机制在不断改进，总体来说是越来越合理了。虽然最后的论文是由不同的评审专家来看，而评审专家的意见也确实会有差异，但一般来说，如果你能达到我前面的这些要求，结果不会太差。

二、论文答辩程序

答辩的具体环节，各个学校都差不多，专家组一般由五位专家组成。答辩的流程一般是，学生用 PPT 来陈述论文，然后专家提问并和学生讨论，当天宣布答辩结果。答辩的成绩有四档，结果为优秀、良好、一般是通过，最差的一档是不通过。

三、论文答辩 PPT 的制作

下面是关于制作答辩 PPT 的建议。
- 商务模板显大气。PPT 母版要用带有商务风格的模板，不要用娱乐风格、卡通风格、艺术风格的，不够严肃。
- 学校标识别忘记。要在母版上加上学校的标识。
- 白底黑字看得清。母版最好用白底黑字，这样显示非常清楚，即便有时候投影仪亮度不够也不影响专家看 PPT 上的内容。

● 卡通动画是大忌。不要在 PPT 中间加什么卡通、动画播放，答辩是一个非常严肃的场合，如果有这些东西，专家会认为你非常不严肃、不认真。

● 20 页足矣。PPT 内容不要太多，因为你的陈述时间有限，20 页的内容足够支撑 15 分钟左右的陈述了，页数太多容易超时，也不容易突出重点。

● 每页字数别太多。每页 PPT 的字数不要太多，要让专家能看清楚，切忌把 Word 文档大段大段粘贴进去，然后你在答辩现场照着念。PPT 只是演讲的提纲，你要根据这个提纲来陈述。

● 行距恰当，字体美观。特别注意，每一页文字的行距要适中，字体要美观，让专家可以很轻松地看清楚。

● "聆听"还是"倾听"别用错。这是要特别注意的一点，有些同学不重视。PPT 的最后一页，一般都有一个致谢，对现场专家表示感谢。常常有人将"感谢倾听"写成"感谢聆听"，"聆听"一词就用错了。类似的细节很重要。

四、论文答辩现场攻略

（1）正装出席，提前到场。参加答辩一定要着正装，男生女生都一样，男生穿西服，女生穿职业装。要提前到场熟悉环境，然后按流程来答辩。

（2）遵守时间，事先预讲。答辩陈述时间一般在 15 分钟左右，具体根据学校的要求而定。你要提前预演一下，答辩现场不要超时。

（3）话不需多，少亦不当。讲话要精练，抓住要点，不要啰唆，但话太少也不好，时间不到就没话说了，表达不充分，容易让专家问你更多的问题。最好是不多不少，在要求的时间内刚好讲完。

（4）准确到位，自然大方。语言表达要准确、到位，把论文讲清楚，把观点表达清楚。态度要自然、大方，放轻松。越紧张就越容易发挥失常，有时候一紧张，本来懂的问题都答不好了。

（5）的确不会，老实担当。万一碰到专家问的问题你真的不会，那就老实承认，不要强词夺理，想不起来就说想不起来了，也没关系，专家都能理解。答辩现场每个学生都紧张，老老实实承认不会肯定比乱编答案要好。

但是要注意一点，在答辩现场，专家的提问一般都跟你的论文直接相关，不会说你写的是营销方面的论文，他问你财务方面的问题，除非你的文章里涉及财务。与你论文相关的理论知识、方法、工具，你写在论文里，如果专家现场提问你答不上来，就有很大的风险。专家可能会怀疑论文是不是你写的。如果专家认为你的论文有可能不是自己写的，哪怕外审得了两个 A，都有可能在答辩现场通不过。所以，和论文相关的基础知识一定要掌握好，当然论文也必须是自己写的，否则肯定过不了现场这一关。

(6) 尊重专家，不卑不亢。这是要特别强调的。所谓答辩，就是有答有辩，所以对专家提出的问题，你不仅要回答，还可以辩论。有时候专家会对你的观点提出质疑，对一些不同的观点，你可以跟专家适当讨论甚至辩论。但始终要注意的是，尊重专家，态度不卑不亢，你在尊重专家的基础上可以和专家有不同意见，专家也能够接受、认同，你把你的意思表达清楚就好了。不要说出不尊重专家的话来。在答辩现场一定要把握好自己的态度和语气。

▶▶ 第三章

MBA/EMBA 战略管理方向学位论文写作指南

本章介绍论文写作中的共性问题在战略管理方向的个性化体现。如果把第二章、第三章的内容都弄明白了，那么结合各自的研究方向，不管是财务管理、市场营销还是人力资源管理，应该说都可以举一反三，把论文写好。

战略管理方向学位论文的写作，比较简单，但也有难点。说简单，是因为战略管理方向的学位论文相对于其他方向的学位论文来讲，基本上有一个公认的框架。你不太可能对框架做什么大的改动，或者说去创新，用一个新的框架，战略管理的基本框架是确定的。但是战略管理方向学位论文的写作有好多难点，这是本章要重点介绍的。

第一节　MBA/EMBA 战略管理方向学位论文选题指南

在进行战略管理方向学位论文（以下简称"战略管理论文"）写作之前，必须要掌握一些基础知识。在写开题报告之前必须首先去读教材。写战略管理论文，首先要去读战略管理类教材。如果战略管理类教材没有读通，或者说关键知识点没有掌握的话，开题不太可能顺利，更不要说写好论文了。如果一些基础知识没有掌握，开题就很难顺利通过，论文的思路也很难搞清楚。

学位论文就是要考查大家是否已经掌握了在学校里学过的基础知识、理论、方法和工具，并且是否具备了运用这些理论、方法和工具去解决一家企业的某一个特定职能或领域的管理问题的能力。所以学位论文要考查的第一点就是：你是否掌握了这些基础知识。

一、战略管理论文写作基础知识

1. 企业战略的定义

第一个知识点是战略的定义。在你写学位论文的时候，战略管理这门课你一定学过，大家要知道，到现在为止，战略管理的核心概念就是战略，其定义有多种。梳理一下大致有三类定义，以安德鲁斯、奎因、安索夫、明茨伯格为代表。安德鲁斯和奎因的定义是广义的，安索夫的定义是狭义的，明茨伯格的定义是多元的，如图3-1所示。

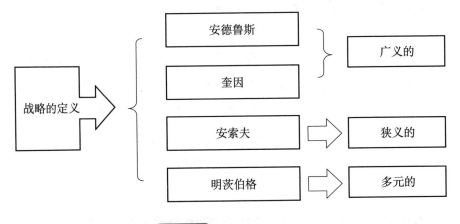

图3-1　**战略的多种定义**

在写学位论文的时候，我们所用的战略的定义一般是在广义和狭义的定义之间选择。也就是说，你要么是用广义的定义，要么是用狭义的定义，一般不太会用明茨伯格的多元的定义，因为不好把握。那么，你就要搞清楚广义和狭义的战略定义是什么，这也是战略管理论文的一个难点。它和其他领域论文的不同在于，对核心概念有多种理解。比如说，人力资源的论文、财务管理的论文、运营管理的论文，一般来讲对核心概念没有太大的分歧，基本上大家都在用一个同样的概念。但对战略管理论文来讲，"战略"这个概念就有不同的理解。

在写论文之前必须先明确，你的论文要用哪个定义，广义的还是狭义的。广义的战略概念和狭义的战略概念有什么区别？最大的差别在于，广义的企业战略包括企业的目标，而狭义的战略不包括目标。如何理解呢？在狭义的战略定义中，战略就是实现企业目标的途径和手段，目标是目标，战略是战略，目标已经有了，战略是研究如何去实现目标的，即通过什么样的途径，通过哪些手段去实现目标。而在广义的战略定义中，目标本身就是战略的内容，要为企业制定战略，首先要制定目标，其次确定实现这个目标的途径、手段和方法。当我谈到战略的时候，战略里面就包含着目标。

所以大家在写战略管理论文的时候一定要明确，用的是狭义的定义还是广义的定义。如果用的是狭义定义，那么你的战略目标可以在分析之前就提出来，也就是说，目标已经有了，你根据这个目标来制定战略。目标在进行战略分析之前就已经提出来了，这不是你研究的战略的内容。如果你用了广义的定义，那么你的目标就要在战略分析之后提出，也就是说战略目标本身也是你要研究的内容。首先，你要通过战略环境的分析来制定目标；其次，制定实现这个目标的战略措施。

这两个定义都对，只是你在写论文的时候一开始就要说清楚，论文里用的战略是广义的还是狭义的定义，评审专家就会根据你的定义来看你的论文框架是不是符合这个定义。如果你用的是广义的定义，结果在进行战略分析之前就先把战略目标提出来了，这显然就错了，这实际是狭义定义的写法。

大家一定要注意，就是要运用正确的专业术语和工具来进行研究，论文所用的核心概念不能出错，不能有偏差，不能混淆。

2. 企业战略管理过程

第二个知识点是企业战略管理过程，如图 3-2 所示。大家可以看到，战略管理分为三个阶段：战略分析、战略制定与决策、战略实施与控制，其他教材基本都是这样分类的。有的教材会把战略实施和战略控制分开，变成四个部分，即战略分析、战略制定与决策、战略实施、战略控制。

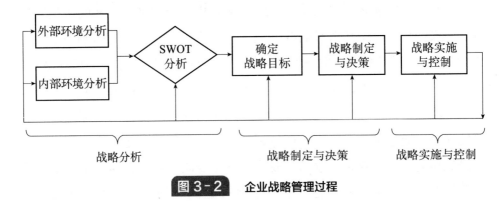

图3-2 企业战略管理过程

　　战略分析这个环节先要进行两个部分的分析，就是外部环境分析和内部环境分析，之后进行 SWOT 分析，然后确定战略目标，再往下是战略制定与决策、战略实施与控制。结合上面介绍的内容，这里的战略是广义的概念还是狭义的概念呢？很明显，这里用的是广义的战略概念。那么，确定战略目标就在战略环境分析之后。我们通过战略环境分析，先确定战略目标，再确定实现这个战略目标的措施和手段。如果用的是狭义的战略概念，确定目标就要放到战略分析之前，先有了战略目标，后面才制定战略，大家要理解这两个概念的区别。

　　战略管理论文的基本框架都是按照战略分析、战略制定与决策、战略实施与控制这样的基本逻辑展开的，这个逻辑不会有太大变化，这就是战略管理论文简单的地方——它的基本框架都是按照企业战略管理的一般框架确立的。需要特别考虑的就是，战略目标的确定放在什么地方，根据论文所用的战略定义的不同而有所不同。

3. 企业战略系统的构成

　　企业战略系统的构成如图3-3所示。企业战略系统又分为两个子系统：一个是战略目标体系，一个是战略体系。战略目标体系分为三个部分，使命、愿景和目标；战略体系分为三个层次，总体战略、业务战略和职能战略。战略体系支持战略目标体系的实现。

　　企业战略系统是我们为企业制定战略目标和战略时遵循的一个基本框架，为企业制定战略实际上就是为它打造这样一个战略系统。有的企业，使

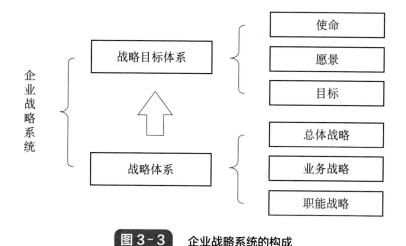

图 3-3　企业战略系统的构成

命、愿景、目标已经有了，也就是战略目标体系已经构建起来了，那么论文的重点就是为企业制定战略体系中间某一个层次的战略。

这个框架要非常清晰，如果框架出了问题，一定会在论文上体现出来。战略管理论文经常在这里出现问题，所以，这张图必须记牢。你要非常清楚：你研究的企业，战略目标体系有没有构建？需要制定吗？如果不需要制定，那么你为企业制定的战略是在哪一个层级？然后你才能够明确论文所写的主题，所要解决的企业的核心问题在哪里，是总体战略、业务战略还是职能战略。这样后面才能够抓住关键，抓住这个主题把它写好。

还要注意的是，这里战略目标体系的顺序是：使命—愿景—目标，但在有的企业，它的顺序可能是：愿景—使命—目标，或者愿景和使命只有其一。这些顺序在理论上没有标准答案，可以根据企业的实际情况来定。比如你的公司就是只有使命，没有愿景，下面一层就直接是目标了。战略目标体系选择以上任一顺序，理论上都可以，你写在论文里都没有原则性的错误。但是战略体系的框架是基本稳定的，都是这三层：总体战略—业务战略—职能战略，这在理论上没有分歧。

4. 企业战略环境分析的基本框架

在写战略管理论文的时候，企业战略环境分析的基本框架（见图 3-4）

必须非常清晰。

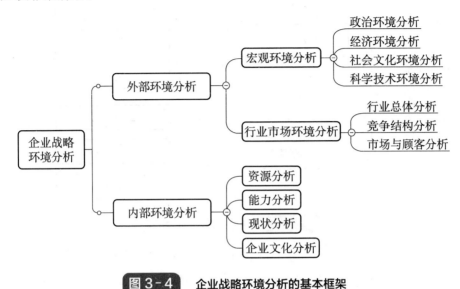

图3-4 企业战略环境分析的基本框架

在进行企业战略环境分析的时候，要先进行外部环境分析，再进行内部环境分析，一定要按这个顺序来。外部环境分析，先进行宏观环境分析，再进行行业市场环境分析。宏观环境分析，要用 PEST 模型，即对政治环境、经济环境、社会文化环境、科学技术环境四个方面进行分析，而且必须按照这个顺序进行：政治环境—经济环境—社会文化环境—科学技术环境。

在对行业市场环境进行分析的时候，一般要分析行业总体状况、行业竞争结构，还要分析行业的市场与顾客。行业市场环境分析目前还没有一个通用的总体框架，这里给出的是我编写的教材里面的框架。先对行业总体状况进行分析，再用波特的五力模型分析行业的竞争结构，再对这个行业的市场和顾客或者消费者情况进行分析。

分析外部环境之后，回到企业的内部环境。关于内部环境分析，理论方面还没有一个像波特五力模型那样公认的框架。我给大家提供的框架一般是四个方面：资源分析、能力分析、现状分析和企业文化分析。

资源分析就是分析"我有什么"。企业内部有多少钱、多少物、多少人，以及企业有多少客户、多少信息、多少知识等，这些都是资源。

能力分析就是分析"我能干什么"。我有钱,是不是就能赚到更多的钱呢? 我有人,人多是不是就一定力量大呢? 不一定。要看能力,要看怎么去运用这些资源,能力就是运用资源的水平。

现状分析是指在进行战略分析的这个时间点上,企业的情况是怎么样的。资源、能力、现状是企业的不同方面,所以需要同步进行分析。

最后,还要特别注意分析企业文化。企业文化是什么样的? 是不是支持我们的战略? 这样对企业内部环境的分析就会比较全面。

企业战略环境分析的基本逻辑就是:从外部到内部——先进行外部环境分析,再进行内部环境分析。外部环境分析,先进行宏观环境分析,再进行行业市场环境分析。不管哪一本战略管理教材都是这样一个基本逻辑。

战略管理论文容易的地方就是你的战略分析框架得按照这个顺序来,这已经形成了惯例,所以不需要你自己构思论文要先分析什么后分析什么,分析框架是现成的。难的是,在这个分析框架里要填充的东西不一样。比如说,不管是哪一篇战略管理论文,都要进行宏观环境分析,都要采用PEST 模型,分析政治环境、经济环境、社会文化环境、科学技术环境。但是在每一个部分分析的内容不一样,你要根据所研究的这个企业所在的行业的特点、企业的特点、产品的特点、市场的特点,来分析哪些政治因素对企业有影响、哪些经济因素对企业有影响,这些内容在每一篇战略管理论文里都不一样。

5. 企业战略分析、战略制定与战略决策的基本工具

战略分析之后要进行战略制定,然后要进行战略决策,下面的知识点就是战略分析、战略制定与战略决策的基本工具,如图 3-5 所示。

战略分析包括外部环境分析和内部环境分析。在外部环境分析之后,要用 EFE 矩阵(外部因素评价矩阵),找出外部环境里的机会与威胁,然后给出权重和评分,进行量化评价。在内部环境分析结束之后,要用 IFE 矩阵(内部因素评价矩阵),找出内部环境里的优势和劣势,进行赋权、打分,进行量化评价。

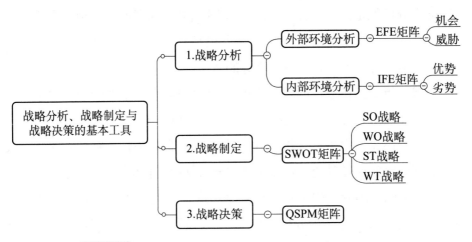

图 3-5 企业战略分析、战略制定与战略决策的基本工具

第三步要制订战略方案：把前面的机会、威胁、优势、劣势放到 SWOT 矩阵（机会-威胁-优势-劣势矩阵）里，把机会、威胁、优势、劣势这四种战略要素进行匹配之后，分别制定四类战略，即 SO 战略、WO 战略、ST 战略、WT 战略，拿出战略方案，这是制订战略方案的阶段。

到了战略决策的时候，就是要通过 QSPM 矩阵（定量战略计划矩阵），对前面制订出来的战略方案进行决策。要注意的是，EFE 矩阵、IFE 矩阵、SWOT 矩阵和 QSPM 矩阵在战略管理论文里必须都要用到。

二、战略管理论文的基本逻辑与选题

1. 战略管理论文的体裁与基本逻辑

本部分介绍战略管理论文的开题。开题的时候，推荐大家写的论文体裁是专题研究型论文，其他体裁建议大家不要考虑。

战略管理方向专题研究型论文的基本框架、基本逻辑（见图 3-6）是：提出问题—分析问题—解决问题，适用于所有的专题研究型论文。研究战略管理方向，研究问题就在战略管理领域里，那么你要提出的问题是什么呢？一般来说，不管企业现在面临什么问题，最后一定会归结为制定战略的问题。也就是说，战略管理类的论文，最后你提出来的问题，或者说你发现企业需要解决的问题，都是要为它制定战略。

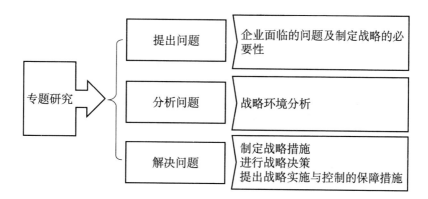

图3-6 战略管理方向专题研究型论文的基本框架和基本逻辑

同学们经常会问：我研究的这家公司现在已经有战略了，那我的问题可能是要改进已有的战略，这样的问题在论文里怎么体现、怎么写？

如果你研究的企业已经有战略了，你要对这个战略进行改进、优化，改进的步骤、方法可以沿用我前面讲的战略管理的基本框架。你仍然要进行战略分析，以前的战略有问题，或者是执行中发现问题，或者战略方案本身发现问题，你都要重新进行战略分析、战略制定、战略实施，对以前的战略措施进行重新评估，实际上相当于重新制定战略。

不管这个企业之前是从来没有制定过战略，你这次写论文是第一次替它考虑战略问题；还是这个企业刚刚开始创业，你要给它制定战略；抑或是这个企业已经有战略了，但是之前的战略经过几年的实践需要进行调整，需要重新梳理或者优化，实际上写法都是差不多的，本质上都要按照"战略分析—战略制定—战略决策—战略实施—战略控制"这个基本逻辑来进行。

你直接提出的问题就是要为现在的企业制定战略，不管它以前有没有战略，这样可以把这个问题简单化。优化原来的战略和重新制定战略的逻辑一样，所以，不管企业以前有没有战略，你统统按照没有战略来考虑，按照重新给企业制定一个战略的思路来写就好了。

上面介绍的是提出问题，接下来，第二部分是分析问题，就是我们刚才讲的战略环境的分析。第三部分是解决问题，要用 SWOT 矩阵制定战略措施，要用 QSPM 矩阵进行战略决策，最后要提出战略实施、控制和保障的措施，这就是解决问题的方案。

对于专题研究型论文，提出问题、分析问题、解决问题这个基本框架是一样的，只不过战略管理方向的具体问题不一样。

2. 战略管理论文题目的基本格式

所有专题研究型论文的题目，大致有这样一个基本格式：

××公司＋××问题＋研究（改进、提升、优化……）

对战略管理论文而言，格式如下：

××公司＋××战略＋研究

后面基本上不用再考虑"改进""提升""优化"等关键词。所以战略管理论文的题目，相对其他体裁的论文题目来讲，基本格式比较确定，这也是简单的地方。

下面看一些例子，这些题目都是我曾经实际指导过的学位论文题目，且都已经通过了毕业答辩。

- ××公司发展战略研究
- ××有限公司总体战略研究
- 北京××公司业务战略研究
- 深圳××有限公司竞争战略研究
- ××集团××业务竞争战略研究（这是具体到某一个业务的竞争战略）
- ××国际公司中东市场竞争战略研究（这是一个国际化的企业，它在中东市场考虑怎么去竞争，以此来制定它的竞争战略）
- ××公司××产品的市场营销战略研究（针对企业的一个业务或者一个产品，研究市场营销战略）
- ××有限公司服务战略研究
- ××公司品牌战略研究
- ××公司人力资源战略研究

这些是战略管理论文题目的基本格式。大家看完这些例子以后，心里应该有个概念：有一些题目是属于总体战略的，比方说最前面两个，它们属于总体战略层面的研究。

有一些题目属于业务战略层面，不管是业务战略研究，还是竞争战略研究，还是中东市场竞争战略研究，都属于业务战略层面。

还有一些题目属于职能战略层面，市场营销战略、服务战略、品牌战略、人力资源战略，都属于职能战略层面。

看到这些论文题目，你如果不能马上想到这是总体战略、业务战略，还是职能战略，说明我前面介绍的那几个基本知识点你没有掌握，那么在开题的时候就可能犯错误。

3. 战略管理论文的选题要点

战略管理论文的选题要点，要注意体裁、研究对象和层次三方面问题。

第一，体裁，即专题研究。战略管理论文一般都是专题研究，建议大家不要考虑别的体裁，专题研究比较适合战略管理论文，比较保险。

第二，研究对象。即研究的是哪一家企业。学位论文是要解决一家企业的一个具体问题，需要先明确这家企业是谁。另外，写战略管理论文还要注意的是：这是一家规模有多大的企业？如果是一家大型企业、一家跨国公司，这篇战略管理论文的题目有可能就太大了。比如写华为、IBM 的某个战略，对这种跨国公司而言，哪怕只写一个职能战略都不太现实。所以战略管理论文，开题的时候专家就怕学生大题小做，或者大题大做，就怕学生把题目选大了。对一家大型企业，你即便写它的职能战略，也会涉及很丰富、很全面、很复杂的问题。

那怎么办？解决方案就是降低研究对象的层级，可以写这家公司下面的某一个分公司、子公司，某一个区域公司，甚至写某一个部门，写这个部门的某一个层次的战略。

第三，层次。即论文写的是总体战略、业务战略还是职能战略。你不能在一篇论文里三个层次的战略都写，这是不可能的！一篇 3 万～5 万字的论文，不可能把一个企业三个层次的战略全部写到，你只能选定其中一个。

另外，如果你写总体战略，就要看这家企业有多大，如果是一家初创公司，人数不多，业务量也不大，那么写总体战略没问题。但如果是一家跨国公司，是一家集团公司，是一家很大的企业，写总体战略就肯定太大，开题的时候可能会被认为不合适。所以，写哪个层级的战略和所研究企业规模的大小有相关性，如果企业规模太大，就不适合写总体战略，可能要写业务战略或者职能战略；如果企业规模比较小，可以考虑写总体战略。

业务战略就是研究一家企业的一个产品或者一类业务的战略；职能战略就是研究某一个职能领域的一个子战略。一般来讲，论文写业务战略和职能战略比较合适，这方面的论文也比较多。当然这不是绝对的，不是说总体战略绝对不能写，要综合评估。

4. 战略管理论文常被混淆的主题

在以往的战略管理论文中，经常有一些主题被混淆，下面特别强调几个常被混淆的。

第一，"总体战略"和"发展战略"。总体战略和发展战略是什么关系呢？有些论文是"××公司总体战略研究"，有些论文是"××公司发展战略研究"，大家一定要把这两个基本概念搞清楚。总体战略是战略体系三个层次中最高的，也就是公司整体的战略，有时候我们也称其为公司战略，它是最高层次的战略。

总体战略里，根据总体战略的不同方向或者说总体战略的不同态势又有一个分类，即根据总体战略是要前进、后退，还是要维持现状，一般把总体战略分为增长型战略、紧缩型战略和维持型战略三类。

这就意味着，如果论文题目是"××公司总体战略研究"，那么要研究的第一个核心问题就是战略态势：下一步是要进攻、撤退还是防御，是要前进还是要后退？这是研究的第一个问题。其次要研究的是，如果要进攻，该怎么进攻？要前进，该怎么前进？要撤退，该怎么撤退？这是总体战略研究要解决的核心问题。

发展战略是什么呢？发展战略属于总体战略这个层次，但要注意的是，发展战略属于总体战略里的一类——增长型战略。如果论文题目直接就是"发展战略研究"，那意思就不一样了。这意味着你已经确定要写发展。比如说：你写的这家公司一直在高速发展，根本不会考虑停下来或者说撤退、紧缩，肯定是要继续发展，你要研究的是怎样继续发展。那么，你的论文等于在写增长型战略，不考虑紧缩型和维持型战略。增长型战略又分为好多种，要采取哪一种增长方式？这是论文要研究的核心问题。不必研究战略态势问题，该问题已经解决了，已经明确要前进，要增长。你要在增长型战略里面去选择，去决定用哪一种方式来取得增长，这是研究发展战略的论文要写的核心内容。

所以，总体战略和发展战略虽然层级一样，但是研究内容不一样。我们经常见到，用发展战略这个题目的同学搞不清楚什么叫发展战略。严格说来，发展战略这个概念在学术上一般不用，但是在现实中企业经常用这个概念，所以我们在写学位论文的时候用"发展战略研究"也没有太大问题。必须清楚，学术上我们把发展战略叫作增长型战略，发展战略研究的核心问题就是企业怎样获得增长，不再考虑紧缩、维持的问题。而总体战略研究，要在增长、紧缩和维持中作出选择，然后才解决怎么增长或者怎么紧缩的问题，这个要特别注意。

第二，"业务战略"和"竞争战略"。业务战略在企业战略体系里属于中间这一层，研究的是某个业务如何取得增长。要注意业务战略和竞争战略的区别。竞争战略只考虑竞争，不考虑合作，但业务战略考虑合作。业务战略的主题是怎么让这个业务取得优势或者获得发展。要取得优势，一方面可以通过竞争的方式，另一方面可以通过合作的方式。可是如果题目是竞争战略研究，意味着这个行业竞争比较激烈，你就不需要再去考虑合作了，就要专门研究怎么样竞争。所以，这两个概念在同一个层级，但内容不一样，业务战略这个概念的内涵和外延要大于竞争战略，准确地讲，竞争战略属于业务战略的一种。

第三，"市场营销战略"和"市场营销策略"。strategy 现在都翻译为战略，但早期也有人翻译为策略，一个词却出现了两种译法。而在中文里，"战略"和"策略"是不一样的。所以，在职能战略领域，你会发现有人力资源战略、财务战略、生产运营战略、物流战略，却很少会听到策略的概念，比方说有人力资源战略，还有人力资源策略吗？有财务战略还有财务策略吗？很少会听到，因为后期的翻译都统一了。但在市场营销这个职能战略里，就经常会听到两个概念，市场营销战略和市场营销策略，其实英文都是 marketing strategy，但中文就有两种含义。因为中文里战略和策略是在不同层级上的，战略层级更高，策略也叫战术，战略与策略或战术要区分开。所以大家要注意，含有"市场营销战略"和"市场营销策略"的论文的选题，内涵是有区别的。

如果要重点写市场营销战略，毫无疑问这是一个职能战略，但是要注意市场营销战略的核心问题是什么。核心问题就是 STP，即市场细分、目标市场选择和市场定位，这是研究市场营销战略之前必须先确定的问题。如果论文写市场营销策略，就意味着 STP 的问题已经解决了，你要研究的核心问题是 4P。市场营销战略重点研究 STP，市场营销策略重点研究 4P，当然在 4P 的基础上再研究 4C、4R、4S 也都可以，但市场营销战略和市场营销策略一定要区分开，它们的主要内容是不一样的。

三、战略管理论文开题报告的撰写

战略管理论文开题报告的撰写和第一章介绍的开题报告的撰写要点是一样的，只不过对战略管理论文来说，当然要围绕着战略这个主题来写。

（1）研究背景与意义。要写研究这个战略问题的背景是什么，意义是什么。一般来讲，它的意义当然是为企业制定目标，提供企业战略发展的方向与路径。

（2）相关理论基础。要围绕论文主题，比如总体战略、业务战略或职能战略，对相关理论进行综述。综述中提到的理论一定是后面论文写作过程中要用到的，写总体战略就介绍与总体战略相关的理论，不要跑题。

（3）研究内容与思路。写战略管理论文，必须要做战略环境分析，制订战略措施和方案。要对战略措施和方案进行决策，就要制订战略实施、战略控制的计划和保障措施，等等。不管你写哪个层次的战略，基本内容都是这些，具体细节有所差异。研究的思路可画一个流程图来表达，和企业战略管理过程图（见图 3 - 2）差不多，战略分析、战略制定与决策、战略实施与控制，基本就是这几个大的环节。

（4）研究方法与工具。战略管理论文有一个常用的研究方法体系，体系中的方法、工具基本上都得用，第二节会详细介绍。

第二节　MBA/EMBA 战略管理方向学位论文写作要点

一、战略管理论文基本框架

战略管理论文的框架一般包括以下几个方面：

第一章，绪论

绪论里一般介绍四个方面的内容。第一，介绍研究背景与意义。第二，简要介绍论文研究的企业。第三，介绍研究内容与思路。第四，介绍研究方法与工具。

这里有一个容易产生分歧的地方，就是企业简介到底放在哪里。有很多专家认为，企业简介应该放在第四章"内部战略环境分析"的前面。所以开题时会有专家说：企业简介不应该写在绪论里应该写在第四章。其实都可以，我个人比较倾向于写在绪论里。因为绪论讲的是一篇论文的整体情况，也是为论文后面的研究打下基础，既然题目叫"××公司××战略研究"，你总得对这个公司做一个简单的介绍，在绪论里让读者对你的研究对象有一个基本的了解，到了内部环境分析的时候，再深入分析企业内部的情况。不然，你在绪论里介绍了研究背景与意义、内容与思路、方法与工具，读者还不了解你研究的对象是什么情况。因此，企业简介放在绪论里更符合逻辑。

第二章，相关理论综述

这部分要对论文研究中用到的理论进行简单的介绍，对相关的文献进行综述。这部分内容不能太多，否则容易导致查重率较高，但过于简单又无法让专家看到你对理论的掌握和理解程度，所以要认真组织，言简意赅，紧密围绕论文的研究内容来写。

第三章，外部战略环境分析

根据企业的具体情况，运用外部战略环境分析的基本框架，对企业的外部战略环境进行分析，最后总结企业外部环境中存在的机会和威胁。要注意，一定要有翔实的数据资料，不能只靠文字表述。

第四章，内部战略环境分析

运用内部战略环境分析的基本框架，对企业内部战略环境进行分析，最后总结企业内部环境中存在的优势和劣势。

第五章，战略制定与决策

运用战略制定与战略决策的方法和工具，制订企业战略方案并进行决策。注意要先介绍企业的战略目标体系，然后进行战略的设计或者说战略的制定，最后进行战略的选择。

第六章，战略实施、控制与保障措施

这部分要先制定战略实施措施，再来写战略控制措施，最后制定战略保障措施。

第七章，结论与展望

对论文结论进行归纳和总结，展望未来的研究工作。

不管你的论文研究的是总体战略、业务战略还是职能战略，大框架基本都是这样，当然章节标题要根据具体的论文题目进行修改，比如论文题目是业务战略，那第五章就是"××公司业务战略的制定与决策"。

这个框架不会有太大的变化，你再怎么写，战略管理论文都跳不出这个框架。

二、关于职能战略论文框架的分歧与讨论

关于职能战略论文的框架，专家学者是有分歧的。一篇职能战略论文，比方说人力资源战略、财务战略、市场营销战略论文，在开题的时候，甚至到了答辩的时候，经常有专家提出：你这个论文怎么跟总体战略、业务

战略论文的框架差不多呢？

其实，写职能战略论文的基本框架和写总体战略、业务战略论文的框架本来就是差不多的，这一点在论文写作中和在现实中是有所差别的。在现实中，比方说企业已经有了总体战略，你根据总体战略研究一个业务战略；企业已经有了业务战略，你根据业务战略来制定一个职能战略。在企业里有可能不需要你再一次做战略环境分析，或者说你再做分析也不需要那么复杂，因为总体战略或业务战略已经有了，你根据上级战略来细化就好了。

但在一篇完整的学位论文里，怎么考查这个学生是否掌握了战略管理的这一套理论、方法和工具呢？能不能把战略分析这个环节省略？我觉得不可以。所以，即便你写的是职能战略论文，你的框架仍然是战略分析、战略制定、战略决策、战略实施、战略控制，大框架是一样的，你仍然要提出问题，制定战略，然后经过战略环境分析、战略制定与决策，最后制定战略实施、控制措施，这个基本过程是一样的。你要让专家看到你掌握了基本的战略管理理论、工具和方法，达到了获得专业学位的水平。

但写不同层级战略的论文是有区别的。如果写职能战略或者业务战略，你要对上级战略进行介绍。写业务战略，那意味着总体战略已经有了，如果总体战略都没有，怎么制定业务战略？企业先制定的是总体战略。如果写职能战略，意味着业务战略和总体战略都有了。那么你在论文里就要先对上级战略进行介绍，要明确制定这个层级战略的前提，你是在上级战略的指导之下来制定职能战略或者业务战略。

我将职能战略又分了两个层级：公司级的职能战略、业务级的职能战略。写公司级的职能战略，你要直接介绍的是你的总体战略；写业务级的职能战略，你要介绍的是业务战略和这个业务战略上面的总体战略。

三、战略管理论文写作注意事项

一篇合格论文的要求，本书已经介绍过了，只不过战略管理论文有一些特殊之处，下面要强调的是注意事项。

1. 要避免理论运用错误、逻辑自相矛盾等硬伤

论文有很多种硬伤，战略管理论文里面的硬伤，要特别强调下面几个：

理论运用错误。就是没有运用一个正确的理论来解决问题。比方说研究竞争战略，就要用波特的竞争战略理论；如果没用这个理论，那肯定错了。

逻辑自相矛盾。如果论文在逻辑上有问题，可以直接判定为不合格。研究战略的论文，如果逻辑都不通，这个研究就等于白做了，或者说这个研究完全站不住脚，结论可以被推翻。

2. "问题提出—战略分析—战略制定—战略决策—战略实施—战略控制"的基本逻辑清晰连贯，避免"两张皮"

战略管理论文的重点是提出战略以及实施战略的措施，那么论文的重点——战略实施与战略控制，都是根据前面的战略分析、战略制定、战略决策这么一个科学的、完整的程序得出来的，它是连贯的。你不能到战略实施的时候提出来一些战略，在前面的战略制定、战略决策阶段却根本看不到，前面写的是一套东西，后面实施的又是另一套东西，这就叫"两张皮"，这样的问题很常见。

图3-7中有个硬伤就是"两张皮"。在这篇论文的战略措施部分，讲到要实施差异化战略，要实施成本领先战略，但是在前面所有的矩阵中，都看不到这些战略是从哪里来的，这就是战略类论文最常见的"两张皮"。

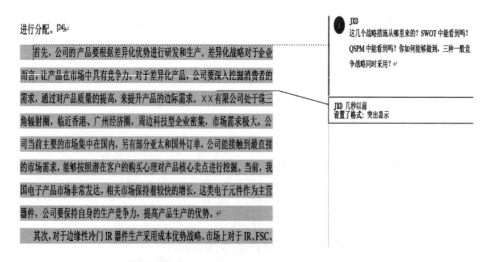

图3-7　论文实例：论文写作中的"两张皮"

你要通过战略分析、战略制定这个过程来得出你的战略方案，再进行战略决策，最后制定战略实施的措施。结果在战略实施部分出现几个战略，而前面从来都没有出现过。那么这几个战略从哪里来的？没有经过战略分析与制定的程序就得到了这个措施，那前面的战略分析与制定又有何意义？前面的工作不是白做了吗？这就叫"两张皮"的论文，这是硬伤。

怎么能避免"两张皮"？核心就是 SWOT 矩阵和 QSPM 矩阵，必须前后衔接。SWOT 矩阵是把内部环境分析、外部环境分析的要素——机会、威胁、优势、劣势归纳起来，放到 SWOT 矩阵中进行匹配，由此制定战略措施。QSPM 矩阵是对 SWOT 矩阵制定的战略措施进行优选，作出最后的决策，确定要执行哪个措施。战略实施、战略控制都是围绕 QSPM 矩阵决策之后所得到的战略来落地，这就连起来了。但是很多战略类论文没做到这一点，"两张皮"问题很严重。

图 3-8 的例子同样存在"两张皮"的问题，还错误地运用了 QSPM 矩阵。

图 3-8 论文实例：QSPM 矩阵运用错误

3. EFE 矩阵、IFE 矩阵、SWOT 矩阵、QSPM 矩阵是基本工具框架，必须全用

战略管理论文中，这四个工具常用。外部环境分析之后，要用 EFE 矩阵进行总结；内部环境分析之后，要用 IFE 矩阵进行总结；然后用 SWOT 矩阵进行整合、匹配，制订战略方案；最后在 QSPM 矩阵里对战略方案进行决策。这四个工具必须全用。

做宏观环境分析，PEST模型肯定要用到；做行业竞争结构分析，波特五力模型肯定要用到；做竞争对手分析，CPM矩阵肯定要用到。这三个工具也是必须要用的。BCG矩阵不一定用到，要看你研究什么问题。如果研究总体战略，涉及业务选择、业务定位问题，BCG矩阵就必须用。如果写的是业务战略或者职能战略，那BCG矩阵就用不上了。

还要强调一点，在行业市场环境分析里，不能只用波特五力模型。相当多的论文，在行业市场环境分析的时候只有一个五力模型，这是不够的。五力模型尽管很经典，必须要用，但行业分析、市场分析还有更多的问题，要用更多的理论工具和方法进行分析，只用五力模型分析肯定不全面。

一篇战略管理论文，如果要取得优秀的成绩，这些工具多用点总没坏处，当然前提是工具运用正确。有的论文获得低分数，甚至被判定为不合格是为什么呢？该用的工具没有用。比方说做竞争对手分析，CPM矩阵论文里居然没有用，那专家就认为你可能不会用这个工具，根本就没有掌握。所以，你必须要在论文里体现出，你学过这门课，你掌握了这门课程基本的理论、方法和工具。

4. 战略分析要提供翔实的数据，以图表来呈现数据，以文字来分析、陈述观点

翔实的数据是战略管理论文不可或缺的要素。写战略管理论文容易，因为框架比较标准化、规范化。但写战略管理论文也难，难在论文里大量的分析都要靠数据来证实，不能靠大段文字来表述。数据为主，文字分析为辅。要用数据来证明你的观点，这就是战略管理论文写作最困难的地方。如果拿不到数据，这个论文根本就没法写。你在开题的时候考虑要不要写战略、写哪个层级、写哪家企业，与之密切相关。拿不到数据，战略类论文就没法写，必须要考虑获取数据的可行性，拿到数据，以图表来呈现。文字是对图表里的数据进行分析，梳理它的逻辑并进行总结归纳，最后得出观点。千万不能以文字为主，图表寥寥无几，没什么数据，这样的文章就不是论文了。战略管理论文要做战略分析，要体现科学的逻辑、科学的分析、科学的思维，没有数据没法分析。

切忌堆砌数据，重点在分析。但是，又要注意另一个问题，有些论文变成了堆砌数据，这又不对了。有时有数据，数据还非常多，但这些数据和论文研究的内容关系不大，或者有些数据根本和研究问题没有直接的相关性，这就变成堆砌数据，凑字数了，这仍然是硬伤。这说明作者仍然没有掌握论文的写作方法，所写文章形式上看起来像论文，实际上不是论文。

下面是王胜利同学的论文（见图 3-9），针对经济发展方式的转变对 RS 公司战略适应性转型带来冲击，他使用了图，在战略分析部分，每一个观点都对应一个图或一张表，来帮助证明他的观点。

2.经济发展方式的转变对 RS 公司战略适应性转型带来冲击

2010 年以来，中国经济增长由高速度发展阶段到高质量发展阶段的转变，对以出口为主的 RS 公司的战略适应性及产品转型带来挑战。2010 至 2018 年 GDP 增速放缓，分别为 10.3%、9.2%、7.8%、7.7%、7.4%、6.9%、6.7%、6.8%、6.6%，近 4 年进入 6% 的时代，中国经济下行压力增大[2]。

图 3-5 中国经济 10 年 GDP 及增长率

资料来源：根据国家统计局 http://data.stats.gov.cn / 2019-10-10 整理

商品销售方式方面，2018 年中国商品零售总额 33.8 万亿元，增速 8.9%，零售市场销售规模平稳增长，增速有所回落，但与其它国家比仍处于较高水平。2018 年电商零售额 9 万亿元，年增长率 23.9%[2]。2018 年公司水族箱业务国内市场销售额 1589 万元，约占 RS 总销售额 2.33%。水族箱器材国内市场空间巨大，水族业务国内市场开发不足，电商销售滞后于国内大环境及行业水平。

图3-9 论文实例：运用图表支持观点

分析图表之后要告诉读者，由数据得出的发现给企业带来了什么影响，要重点写这个，这才是分析的结论。如果没有分析，你只是呈现数据，比如中国 GDP 十年间增长了多少，把数据往论文里一放，没有分析，那要这些数据干什么用呢？GDP 增长和你研究的企业有什么关系呢？和你研究的行业有什么关系呢？写论文重点在分析，而分析必须要拿数据来说明问题、来论证。

5. 工具运用要规范，所有的量化评分都要通过专家调查法得出

EFE 矩阵、IFE 矩阵、QSPM 矩阵、CPM 矩阵，都要打分，都要给出量化的评分。这些评分怎么得出来的？你写的这篇论文，当然是你做的分析，你来打分，行不行？理论上当然可以。但是我们现在越来越多地发现，在论文评审环节，外审的时候，甚至到了论文答辩的时候，经常会有专家问：评分的依据什么？你为什么这一项给分高，那一项给分低？有没有主观因素在里边？

我给大家的建议是，所有涉及权重和打分的地方，使用专家调查法。也就是说，为了消除个人主观因素的影响，给若干专家发一个问卷，让不同的专家对这些问题给出分数，最后加权平均。尽管专家也是根据他个人的主观判断打分，但是，多位专家参与之后，就可以尽可能避免个人主观判断带来的偏差，相对来讲这些分数的科学性就会高一些。你在评审和答辩的时候就不太容易在这个地方被专家质疑，你的论文的科学性就提高了。

另外要注意，不要混淆 SWOT 分析和 SWOT 矩阵。经常会出现下面明明写的是 SWOT 矩阵，上面标题写的是"SWOT 分析"。它们是两个事情，所有的分析是在环境中找出 SWOT 四个战略要素，即机会、威胁、优势、劣势，这就是 SWOT 分析。SWOT 矩阵是战略制定的工具，是在 SWOT 分析的基础上把这四个战略要素进行匹配来制定战略措施，这是两项工作，两个步骤，要注意区分。

此外，SWOT 矩阵要规范。SWOT 矩阵是战略管理论文肯定要用的，即便不是战略管理论文，比方说策略类的论文，也多会采用 SWOT 矩阵，但总有论文用得不规范。

怎么叫规范呢？大家去看王胜利同学这篇论文（见图 3-10），在制定每一个战略——SO 战略、WO 战略、ST 战略、WT 战略的时候，你提出任何一条战略措施都要注意，在后面打一个括号，括号里要给出你制定这一条战略措施的依据。

表 5-5 深圳 RS 公司水族箱业务 SWOT 矩阵

SWOT 要素	优　势 (Strengths) 1. 公司六个大型工厂、超过 100000 平米的园林式厂房、6000 多种配套成熟的现代化机器设备、实验检测仪器 ⋮
机　会 (Opportunities) 1. 2019 年减税降费 2 万亿元政策，降公司 500 万税费 ⋮	S O 战略 1. 全面加强质量管理，完善水族箱产品质量及技术标准，提高水族箱产品质量与美誉度，增强产品市场竞争力（S₃, S₄, S₇, O₁, O₃, O₆）
⋮	S T 战略 1. 利用越南的要素成本优势，将部分劳动密集及加税产品进行国际化转移（S₂, S₃, S₇, T₁, T₂, T₄, T₆） ⋮

图 3-10　论文实例：SWOT 矩阵

比如 SO 战略 1，这一条战略措施是根据哪些优势、哪些机会来制定的？你想要发挥哪几个优势，去抓住外部环境中的哪几个机会，来制定这条战略措施？请看 SWOT 矩阵里写了依据，是根据 3 个优势 3 个机会制定了这条战略措施，那么专家才好据此去判断，你这条战略措施合理不合理，能不能够发挥优势、抓住机会，以及它的合理性在哪里。不告诉读者你的依据，就不够规范。

专家看你的 SWOT 矩阵，先不看那些措施合理不合理，就看这个形式，你的措施后面有没有括号、括号里有没有给出依据，专家就可以判定你有没有正确掌握 SWOT 矩阵这个方法。严格讲制定措施而不给出依据仍然属于硬伤，大家要特别注意。

王胜利同学这篇论文写得非常好。在 SWOT 矩阵做完之后，把里边的战略再进行归类，如图 3-11 所示。他制定的是竞争战略，竞争战略一般分为差异化战略、集中化战略、成本领先战略，对通过前面的 SWOT 矩阵制定的战略措施分类后发现，差异化战略有很多条，属于集中化战略的有两条，属于成本领先战略的有两条。

表 5-6　深圳 RS 公司水族箱业务备选战略分类统计表

战略归类	序号	
差异化战略	SO1	…
集中化战略	SO4	WT3
成本领先战略	ST1	WT2

图 3 - 11　论文实例：对制定的备选战略进行分类

那这些战略都执行吗？这就需要在 QSPM 矩阵里对这三类战略分别进行打分，进行决策，如图 3 - 12 所示。这个逻辑就完全通了，就把 SWOT 矩阵、QSPM 矩阵完全连起来了，也就避免了"两张皮"的问题。

表 5-7　深圳 RS 公司水族箱业务定量战略计划矩阵（QSPM 矩阵）

关键外部因素	权重	成本领先战略		差异化战略		集中化战略	
		AS	TAS	AS	TAS	AS	TAS
机会（Opportunities）							
1. 2019年减税降费2万亿元政策，为公司降低税费超过500万元	0.09	4	0.36	3	0.27	2	0.18
⋮							
威胁（Threats）							
1. 至2019年5月输美2 500亿元商品加税 25%，使对美国出口占实体产值 60%的 RS 公司利润率降低	0.1	2	0.2	4	0.40	3	0.30
⋮							

图 3 - 12　论文实例：QSPM 矩阵

6. 战略实施、保障与控制措施，一个都不能少

经常有学生在论文最后一部分写战略实施措施，写了战略保障措施，漏掉了战略控制措施。严格讲，这是个硬伤。

既然有战略实施的办法，就必然要进行控制。不然的话，战略如果实施得不理想怎么办？要不要进行调整？所以必须要有控制措施才能保证战略按计划实施，实施措施、保障措施、控制措施一个都不能少。而且战略管理的基本框架的最后，就是战略实施与控制，结果把实施措施写了，控制措施漏掉了，论文评审者仍然可以认为你没有掌握基本理论。

7. 战略实施、保障与控制措施可执行，写出"4W2H1IT"，避免"正确的废话"

战略措施一定要可操作，具有可执行性。王胜利同学的这篇论文，他的方案都是可执行的：要做哪些事情，具体措施是什么，谁来跟进，在什么时间，花多少钱，怎么进行风险控制，把这些问题都说清楚，方案才是可执行的，如第 2 章表 2－1 所示。

8. 战略管理论文建议字数：4 万～5 万字

大家可能说，我们的毕业论文不是 3 万～5 万字吗，写 3 万字不行吗？也不是说不行。但是你要知道，战略管理论文要写好、要出彩，体现在哪里？体现在你前面详细完备的战略分析，体现在战略制定、战略决策逻辑的合理性，体现在战略实施措施的可执行、可操作，这些内容没有足够的字数是说不清楚的。哪怕写一个职能战略，3 万字都是非常单薄的。一般来讲，战略管理论文会比其他论文字数多一点，因为有大量战略分析的内容，你要放数据和图表进去，所以一般建议 4 万～5 万字。不建议超过 5 万字，5 万字以上篇幅过长，可能会画蛇添足。

第三节 MBA/EMBA 战略管理方向学位论文评审与答辩

一、战略管理论文评审要点

对于战略管理论文，在共性的注意事项的基础上，再提几个特别注意事项。

一篇战略管理论文，专家评审的要点包括：

第一，全文逻辑的完整性与连贯性。就是看全文的逻辑是不是完整，是不是连贯，也就是有没有前面提到的"两张皮"现象，有的论文甚至是"三张皮"。论文结构应是完整的，从战略分析到制定再到决策最后到实施，逻辑要非常清楚。

第二，战略分析的逻辑性和科学性。分析有没有逻辑？数据和得到的结论之间有没有逻辑性？能不能通过数据、论证、分析得出结论？另外，论文有没有科学性？必须要用的几个矩阵是否正确运用？论文中的定量分析、打分、专家调查法，都体现了论文的科学性。

第三，数据资料的丰富性和必要性。数据资料要丰富，要用数据资料来证明观点，文字是来陈述、分析观点的。要注意，数据资料的使用要符合必要性的原则，也就是应避免堆砌数据。有些学生论文写得很长，里面有很多数据图表，但如果这些数据和最后的结论，和他要研究的问题之间没有直接关系，那就是在堆砌数据，是画蛇添足，这同样是硬伤。

第四，战略措施的合理性和可行性。评审论文时，专家会看你提出的这个方案合不合理，可不可行。你的战略是不是从前面的分析中推导出来的？中间有没有互相矛盾的地方？你研究的这家企业有没有能力实施这个战略？

举个例子，一位同学在学位论文里制定了一个差异化战略，总体上写得不错，论证得也不错，但有一个问题。这位同学做财务分析的时候，要提供这个企业几年内的财务数据、财务报表。从提供的财务数据来看，这个企业的利润很薄，现金流很紧张，资金储备不够。但是，论文最后制定的是差异化战略。差异化战略是要投资的，是要打造个性化产品的，你没钱，你的产品价格很低，利润很薄，你没有资本的积累，怎么实现差异化？这就是可行性问题，也是合理性问题。如果论文有这个问题，同样构成硬伤。只要战略措施是合理的、可行的，能自圆其说，就没有问题。

第五，战略实施、控制与保障措施的可操作性和可行性。这是本书反复强调的，这是重点。不要写太多"正确的废话"。

专家评审论文就是基于上述几个标准，反过来说，论文要通过专家的评审，也要按照这五个标准写，自己判断论文是否满足这五个标准的要求，能否通过专家评审。

二、战略管理论文答辩要点

战略管理论文答辩，要特别注意以下几点：

第一，坦诚谦虚，内容熟悉。态度要坦诚、谦虚，对论文的内容要熟悉。专家一般是针对论文的内容来提问，作者必须非常熟悉论文内容，专家问你哪一部分写了什么，你若说不清楚，那能否顺利通过论文答辩就存疑了。

第二，自信大方，思维清晰。要以自信大方的态度，以清晰的思路介绍战略分析、战略制定与战略决策等内容。

第三，内容及陈述有条理。论文内容要写得有条理、有逻辑，陈述的时候也要有条理。

第四，论据论点，突出逻辑。战略管理论文尤其讲究逻辑，逻辑一定要非常清楚。所谓论文，就是要用你的论据、用符合逻辑的论证过程，来论证你的论点。论点就是最后制定的战略和战略实施措施，你要经过战略分析、战略制定、战略决策这样一个过程，最后得到战略和战略实施措施。那么这中间的逻辑是什么？你在答辩的时候必须清晰地展示出来。如果专家认为你的战略是合理的、可行的、逻辑清晰的，论文就会通过。如果有逻辑问题，有硬伤，那论文就有通不过的风险。

三、关于战略管理方向学位论文选题、开题、写作与答辩的问答

1. CPM 矩阵、EFE 矩阵、IFE 矩阵比较复杂，我们上课没学过，学位论文里可以不用这几个矩阵吗？

我建议写学位论文要用。既然是写学位论文，就要证明你掌握了战略管理的基本理论、方法和工具，而这几个矩阵都是战略管理的基本工具。而且，你要用你所学的知识，所学的理论、工具和方法去解决企业的实际问题。这几个专业工具若都不用，你怎么向评委老师证明你已经

学过战略管理，并且能够用战略管理的知识、理论和方法来解决实际问题？

2. 如果公司没有明确的战略，是不是需要给公司制定使命、愿景和目标？

如果你研究的公司的使命、愿景、目标都没有，而你的战略管理论文写的就是总体战略，那么你可能要先制定其使命、愿景、目标，再来制定总体战略。但如果你的论文写的是业务战略或者职能战略，必须假定你的公司已有使命、愿景、目标和总体战略，然后你才能据此写它的业务战略和职能战略。

3. 论文题目用"××公司竞合策略研究"还是用"××公司竞合战略研究"？

如果要用竞合的概念，建议用竞合战略，一般不说竞合策略。同时要注意竞合战略既要介绍竞争，还要介绍合作。

4. 题目拟定为"××公司投资业务竞争战略研究"或者"××公司投资业务发展战略"，会不会出现总体战略和业务战略用词的混淆，还是直接用"××公司投资业务战略研究"？

就用"××公司投资业务竞争战略研究"，不要用"投资业务发展战略"。发展战略其实不是学术语言，但实践中经常有企业用这个概念，也有人研究发展战略，你写发展战略没有问题。发展战略属于总体战略层面，它和业务不在一个层面，业务战略属于总体战略的下级战略，所以不存在"业务发展战略"的概念，这在学术上是互相矛盾的。当然，企业里有时会这样说，比如××业务的发展战略。但我们必须清楚，在学术论文里不能出现这个词，如果题目是"业务发展战略"，专家可能会认为作者没有弄清楚写的战略是哪一层级。

5. 战略实施的保障，不写人力、市场、品牌、营销四个方面，只写一两个方面可以吗？

不可以，要尽可能全面。要保障，就要给出各个方面的保障措施。

6. 产品差异化战略属于竞争战略吗?

这个问题属于基础理论问题。基础理论问题需要通过读书打好基础来解决,如果这个问题不清楚,是没法开题的。

7. CPM 矩阵用在哪里? 通用矩阵和 BCG 矩阵选哪一个好?

这些都属于基本工具的内容,教科书里都有介绍。

8. 能介绍一下人力资源论文评审要点吗?

人力资源论文和战略管理论文的要点差不多,共性是一样的,你可以举一反三。战略管理论文的要求,比方说战略方案的可行性、合理性,人力资源论文也是一样的,其他论文都是一样的。

9. 如果写业务战略论文,企业有愿景、使命,但没有提出目标,怎么解决这个问题?

把企业的目标写出来,在你的论文里假定已经提出目标了,写到你的论文里,但是不要把它作为论文的研究内容。

10. 表格的评分来源于专家问卷,评审会问有哪些专家参与吗? 也就是说我们要做实质性的调查吗?

专家不问你,你也要在你的论文里写清楚:找了哪些专家? 哪方面的专家? 怎么打的分? 除了专家的姓名不需要附上,其他都要说清楚。论文里不能就一句话,说这个评分用了专家调查法。评审专家会问,专家来自哪里? 是哪些人? 有多少个人?

作者要留下底稿,也就是说作者要真正地去做调查,这是学术态度的问题,没有实质性的底稿或者没有实质性地做调查,然后在论文里说做了调查,这属于学术不端行为。问题很严重。

11. 用波特五力模型还是六力模型?

我们一般都用五力模型,六力模型是后来补充的。补充的东西是否得到公认了呢? 不一定,所以我建议用五力模型。

12. 收集几年的数据才够用,三年还是五年?

这个看分析的问题而定,比方说你要分析中国过去十年 GDP 增长的一个趋势，那就要用十年的数据。但不管怎么说，数据要尽可能新。比如说你是2021年写论文，用2015年的数据就太旧了，要用2019年或2020年的数据。

13. 论文中的数据怎么获得？

这个问题在开题的时候就要想好。你要考虑研究哪一家企业，怎么去找这家企业的数据，企业能不能提供数据，或者你能不能够通过公开的信息渠道获得数据，比方说它是上市公司，可通过其年报获得一些数据。

14. 没有某公司的内部数据，可以写战略管理论文吗？

不可以，没有它的内部数据怎么写？怎么对它进行战略分析？这个论文没法写。当然还有一种情况，就是有的公司的内部数据是保密的，不可以公开，但是你可以对数据进行处理，处理之后再用。

你可以在论文中标注，为了保护企业的机密和尊重企业的隐私，数据经过了处理。

15. 写英文论文，建议要用的矩阵也需要全用吗？

英文论文和中文论文只是使用的语言不同，战略分析的思维、逻辑、工具都一样，建议全用。

16. 如果写市场营销战略，老师说的那几个分析工具都需要用吗？

如果研究市场营销战略，大框架差不多，建议尽量都用。

17. 教材中谈竞争战略，有集中成本领先战略和集中差异化战略，如何理解？是否会判定为"两张皮"问题？

集中战略分为集中成本领先战略和集中差异化战略，这两种不同的战略不能同时操作。所以波特的三种一般竞争战略，如果细分应该是四种：成本领先战略、差异化战略、集中成本领先战略、集中差异化战略，这和"两张皮"是两个概念。我说的"两张皮"是前面的分析没有体现在后面的战略制定里，后面战略制定的措施没有从你的分析过程里面看到，得出分析结论的过程不清楚，前后不相通。

18. 经营策略研究应该属于哪一层？

这个问题要注意，所谓经营策略，是我们在日常生活中，在企业经营中经常说的词，它不是学术研究中的概念。

关于经营策略研究，要看它的内涵是什么，然后在战略管理的基本理论框架里来找，它是属于总体战略层面，属于业务战略层面，还是属于职能战略层面。不能直接用经营策略这个概念来写学术论文。学术研究、学术论文要用学术概念，要用学术名词、专业术语，把专业术语和日常生活用语要分开。

19. 如果公司属于创业公司，没有财务数据，无法做财务分析，是否可以？

因为是创业公司，你没有财务数据，可以解释一下，专家应该可以接受，但是其他部分的数据必须有。

20. 公司的电商跨境业务属于业务战略吗？

要看这个公司具体是做什么的。专门做电商的，然后有一块是跨境业务，当然属于业务战略。但如果是一个很大的公司，电商只是一个渠道，而跨境业务又是其中一块业务，那恐怕还上升不到业务战略的层面，可能是营销战略里的一个渠道战略，所以要根据企业的实际情况，根据战略管理的理论来确定它属于哪一层。

21. 分析完 SWOT 矩阵，可以用战略象限图来定战略吗？可否不用 QSPM 矩阵？

战略象限图可以用，但是它跟 QSPM 矩阵不矛盾，而且 QSPM 矩阵因为有量化的评分更科学，所以两个都用上其实更好。

22. 市场营销战略论文里可以包括策略的内容吗？

可以。如果写的是市场营销战略的论文，那么策略就是实现这个战略的实施措施，策略就要放到论文最后战略实施的那一部分。当然论文肯定不是以策略为主，而是重点要说清楚前面的市场营销战略，就是 STP。

23. 母公司采用增长战略，孙公司是否可以在母公司的战略下制定竞争战略？

这里有个逻辑问题，怎么从母公司一下就跳到孙公司了？子公司呢？

写论文如果出现这样的问题就麻烦大了。母公司的战略是子公司竞争战略的前提和指南。

24. 如果写采购成本控制方向的论文，能用第三章提到的几个理论吗？

你写的是采购成本控制，是财务管理方面的论文，不一定非得用这几个战略管理的工具。如果你用了，专家可能还会质疑你写的是财务管理论文，为什么用的是战略管理的工具。

25. 数据脱敏后是否就不需要征得公司同意了？

最好征得公司同意，告诉公司你把数据脱敏了。

26. 市场营销策略研究属于营销类还是战略类？

属于营销类。不要将市场营销策略和市场营销战略相混淆。

27. 专家调查问卷一般要发多少份，怎么设计较好？

这个依据要调查的问题，可查阅相关研究方法的参考书，了解怎么设计和发放调查问卷。

28. 论文分析的是多元化战略，无法分析到业务层面和职能层面，会不会出现"大题大做"的问题？

如果论文的主题就是总体战略，然后你制定了一个多元化战略，这就是合适的，因为你研究的问题就在这个层面上，不会出现"大题大做"。但前提是你要确定写总体战略是合理的。

29. 风险管理属于战略管理吗？

战略管理会考虑风险，考虑风险控制，但是风险管理本身一般不属于战略管理，这是企业战略要考虑的一个问题。

30. 制定战略时可以用前沿的战略理论进行指导吗？比如用创新理论、生态理论等制定创新战略？

写学位论文的时候，建议用成熟的理论，而不是所谓的创新理论。因为这种新的理论未经检验，还不是一个公认的理论，你用它来写论文是有风险的。

论文里运用的理论、方法和工具最好是在比较权威、比较好的教科书里可以找到的，这样的理论、方法和工具本身没有问题。

除非你研究的问题太前沿，教科书上都没有涉及，那你可以参考一些期刊论文里的前沿理论。但一定要注意，这样做的前提是你研究的问题没有成熟理论可以解决。一般情况下，尽量不要冒这个风险。

31. 写业务战略论文，如果是多元化企业，每个业务单元都要单独分析并制定业务战略吗？

在企业里也许要这样，但你是写学位论文，只能写一个业务单元的业务战略。

第四章

■ MBA/EMBA 学位论文写作答疑

第一节　关于选题的答疑

1. 关于选论文指导老师，研究方向重要还是老师与学生的性格契合重要？

2. 如何选导师？

我把这两个问题放在一起回答。选指导老师的时候肯定是要看老师的研究方向，研究方向更重要，老师和学生的性格是不是契合，肯定不如研究方向重要。当然，如果性格跟你比较契合，可能你跟老师的沟通会容易一点。但是你要跟老师沟通良好，前提是老师的研究方向和你的研究方向是一致的，也就是说你想写的论文符合老师指导的方向，这样沟通才比较容易。否则两个人方向不一致，怎么沟通呢？沟通不好，性格契合也不会对论文写作有帮助。所以研究方向一致更重要。

可能学校会提供一个导师清单，每个方向都有多位老师，在这里，你可以选择一个和你性格比较契合的，你比较喜欢的，或者你跟他谈得来的，所以第一考虑的是研究方向一致。我也回答了第二个问题，导师就是这么选的。

有的学校是双向选择，就是学生选导师，导师也选学生。那就还有个你想选导师，导师会不会选你的问题，尤其是比较热门的导师，你要打动导师，让他愿意选你。导师不一定会考虑和你性格契合不契合，他肯定会考虑研究方向，如果你要写的论文的题目和导师指导的研究方向不一致，导师一般不会首选这样的学生。

3. 在日企做供应商品质管理的学生如何选题？相关资料如何收集？

在日资企业做供应商的品质管理，我建议围绕供应商品质管理的相关问题选题。供应商品质管理本身就是一个不错的论文题目，可以围绕这个来选题，研究工作的这家公司的供应商的品质管理。

相关资料如何收集这个问题就很大了。你要想办法去找企业的相关管理人员去收集；做战略分析或者做外部环境分析的话，需要收集外部环境的数据，你可以上知网，查一些数据库，或者去查一些专业的调查报告。

4. 有证券公司的合规风控工作经历，可以做什么选题？

工作经历和论文的选题有关联，但没有必然联系。你有这样的工作经历，不等于说你一定要写这方面的选题。

如果仅仅是有这样的经历，那和现在的选题基本上没有太多的关系。开题的时候专家不会考虑你的工作经历和选题有没有关联。如果你现在就在证券公司从事合规风控工作，那么跟选题的关系会更加密切。你选择现在工作的这家证券公司的合规风控方面的问题，会比较好，比较切题。

一个好的论文选题应该是什么样的？最理想的就是和你现在的工作密切相关，而且就是你现在工作中所面临的、所要解决的问题。你把论文写出来之后，不但解决了眼前的这个问题，还可以在实践中应用你论文中的研究成果，这当然是最理想的选题。

5. 对于跨专业考研的同学，毕业论文该如何选题？我自己原来的专业和目前工作所在行业均与报考专业有相当大的跨度。没有报考专业所在领域的工作经验，如何才能找到论文所需的案例？

有跨度这个事情和写论文没有什么必然的关系，不管你原来是学什么专业的，现在读的是 MBA 或者 EMBA，攻读的是工商管理硕士学位，所以现在就要围绕工商管理硕士学位论文的要求去选题，这和原来学什么专业没有关系。

你在哪一家企业工作？这个企业有什么问题？或者你现在的工作面临什么问题？或者你对哪一家企业的哪一个管理问题有兴趣，想要通过论文研究去解决它？你基于这些考虑去选题就好了。另外，要考虑论文需要的数据能不能收集到。

关于如何找到论文所需的案例，我不建议大家去选择案例分析报告的论文体裁。我们现在写的论文一般都是专题研究型的体裁，在这样的体裁里连案例这个词都不用。我在讲研究方法与工具的时候特别强调，不要说你的论文运用了案例分析的方法或者案例研究的方法，因为这是一种专业的质性研究方法，是比较偏学术的方法。

那么怎样去找论文所要研究的那家企业？论文要求你写一家具体的企业具体的研究问题，这家企业可以是你现在工作的公司，可以是你朋友的公司，也可以是你家人工作的公司，等等。找到这么一家现实中的企业，能够拿到它的数据来写论文就可以了。

你要考虑你的研究问题是什么，是不是能够拿到数据，然后来选择一家公司和一个研究问题来写就好了。

6. 论文想从供应链协同角度解决制造商到用户三级库存问题，降低整体库存成本和提升供应及时性。论文题目可不可以是"A 公司供应链库存协同优化研究"？

完全可以。使用"A 公司"是否可行，你最好问一问学校。有的学校送审的论文允许用英文字母来代替公司的名称，但是有些学校就不允许用英文字母来代替公司名称，要求用公司的真名。如果公司有保密需求，那就给它取一个化名，然后在论文中说明。所以可不可以用这个题目要根据你们学校的要求来判断。

题目的后半部分——供应链库存协同优化研究，我觉得还是比较准确的。根据你前面讲的论文的内容，你的研究问题应该说非常清晰，所以我觉得这个题目可以。

7. 我所在的单位是集团公司旗下的一家生产型分公司，主要工作职责涉及目标管理、制度管理、风险管理、持续改进，战略管理职能归集团公司，分公司不制定战略。从总体战略、公司级职能战略、业务战略、业务级职能战略四个方面考虑，论文选题是不是从业务战略、业务级职能战略方面入手比较适合？通常有哪些问题点可以作为论文题目考虑？

既然分公司不制定战略，那么分公司可能最多根据业务战略来制定和执行业务级的职能战略，所以如果你想写战略管理的题目的话，也只能写到这个层面。

通常有哪些问题点可以作为论文题目考虑？这个问题很大，MBA 的学位论文包括很多方向，每个方向都是问题点。战略管理方向有很多问题，市场营销方向、人力资源管理方向、财务管理方向、运营管理方向，每个方向都是一个大的领域，在这些方向里面都有大量的问题点，每一个问题点都可以作为论文题目。没法逐一列举出来，我只能说这几个领域都是问题领域，然后在每个问题领域里都有很多问题点，你要根据现在企业的具体问题去选择一个领域，选择一个点。

比方说你刚才问的业务级职能战略，这就是战略管理研究领域里的一个问题点，在这个业务级职能战略里，你可以去选一个具体的职能战略来写。分公司可能没有权力制定业务战略，只能去执行，所以可能你写业务级职能战略比较合适，职能战略很多，你写哪一种都可以，这些都是问题点。

8. 如果不能获取财务数据，老师建议论文选题从哪些方面入手？

我的建议是，你考虑那些对财务数据要求不高的论文选题。你要写战略类的选题，比方说写财务战略，但是不能获取财务数据，那这个题目肯定没法写。如果写一个其他的业务级职能战略，比方说信息化战略、知识管理战略，类似这样对财务数据要求不高的题目，大概容易一点。

当然，如果一点财务数据都没有的话，论文也很难写好，因为要在论文前面部分写公司简介，介绍公司情况的时候，还是得有些财务数据。

还有一个常见的问题，你去找一家现实中的公司，要拿它的财务数据，公司不愿意给怎么办？不只是财务数据，还有其他方面的数据，其实都可以进行加工和处理。在论文中，要告诉评审专家，这个企业是真实的企业，只是用了化名。另外也要告诉评审专家，数据因企业保密的要求，进行了某种处理。这在论文写作中是允许的。

对数据的处理一定要符合基本的财务勾稽关系，也就是逻辑没问题，只是数字上做了调整，比方说你把真实的数字都扩大了 10 倍或缩小了 5

倍，这是可以的，但它的逻辑关系不能有问题。但如果说你完全拿不到数据，或者这个数据是编的，那就不行，完全拿不到数据的企业是没法作为研究对象的，论文没法写，需要换研究对象、换企业。

9. 论文内容为如何使得电子连接器研发中心实验室朝产业化方向发展，以此促进产品研发设计及制造，这个适合吗？

这是一个管理问题，是可以拿来写 MBA 论文的。但是你要界定你写的是哪个问题。可能是公司治理的问题，或者是公司股权设计的问题，或者是公司组织结构的问题，或者是公司战略的问题。当然也可能它已经是一家公司了，那么涉及的就是如何围绕市场来进行产品的研发、设计和制造，这就可能属于研发问题，或者制造问题，等等。所以你要界定好是哪一个领域的问题，再进一步界定具体的研究问题，这样才好去做下一步的工作，才好去写这篇论文。

10. 什么是实证分析，什么是案例分析，各自的注意事项、框架结构是什么？

你说的实证分析、案例分析其实都是研究方法，我们叫作实证研究和案例研究。简单地说，实证研究属于定量研究方法，案例研究属于定性研究方法。所谓的实证研究就是通过大样本的统计检验来定量地进行实证检验，也就是对你提出的一个或者多个假说，通过大样本的统计检验，用统计学的方法来进行检验。案例研究就是通过有限样本的案例，对研究问题进行定性研究，获得一些理论的启示。

一般来讲，定性研究一般用于理论构建，像案例研究就是典型的定性研究方法，实证研究一般用于理论检验。但这两种方法在 MBA 论文里都用不到。因为这两种方法都是进行学术研究、理论研究采用的方法，而 MBA 论文侧重于解决实践问题，所以你的论文既用不到实证研究也用不到案例研究，即便写的论文体裁是案例分析报告，也和理论研究文章的写法完全不一样。所以这个问题我觉得你不要太多关注，按照 MBA 论文的要求去写就好了。

11. MBA 学位论文的研究对象主要是企业，我在事业单位工作，在确定论文选题的时候总感觉无从下手，所学的知识用不上，应如何进行选题，怎么写论文？

你读的是工商管理硕士，工商管理硕士的学位论文要求以企业为研究对象，一般情况下不能以非营利组织或者事业单位为研究对象。所以，你还是要去找一家企业。不在企业工作，可以去找你在企业工作的亲戚朋友，选他们所在的公司的一个问题来进行研究，只要能拿到这个企业的数据，那选题就没有问题。

12. 在政府机关工作，如何写好工商管理论文？

这个现象很常见，你最好要找一家企业，不能以政府为研究对象，否则你的论文交上去，专家一看，你这是 MPA 论文，不是 MBA 论文，可能就直接判定为不合格了。

13. 小型私人公司可以作为研究对象吗？

没有问题，哪怕是一家初创企业，只要是一家企业就可以，不管企业规模大小，人数多少。

14. 论文是否一定要有问卷或访谈等内容？

这个要根据研究问题来定。但是通过问卷或者访谈来获得数据进行分析，显然会提高论文研究的科学性，增加论文结论的说服力。所以，在研究问题允许的情况下，如果有问卷或者访谈，或者两个都有，显然会提高论文的科学性，是否需要做问卷、做访谈取决于研究问题。

一般来讲，论文的逻辑框架就是提出问题、分析问题、解决问题，中间一定有一个分析问题的过程。怎么分析问题呢？要拿数据来分析。不管论文研究什么问题，研究战略、运营还是营销，你总是要了解现在的情况和现在的问题，然后进行分析，最后提出解决方案。在了解现在的情况的过程中，问卷和访谈是非常有效的方法，如果论文里有这一部分内容，肯定会加分，肯定会提高论文的科学性和说服力。

15. 中期报告应该如何写？

要问学校对中期报告有什么要求，要写到什么程度才可以提交。像兰州大学的中期报告，基本上是论文初稿已经完成，就是说按照论文的要求，除了部分细节工作，一些格式、图表还没有完全做好以外，要完成论文初稿的主要工作。

16. 运用 6σ 理论的论文很多，用此方法解决企业问题是否可行？

可以用 6σ 理论解决企业问题，要注意的是，专业学位论文的题目一般不用基于××理论、基于××方法的某个公司的某个问题研究，这是典型的学术研究型论文的题目。可以怎么写呢？比方说"A 公司的质量管理问题研究"，可以运用 6σ 理论来解决 A 公司的质量管理问题，这是符合专业学位论文要求的。

第二节　关于开题的答疑

1. 开题后，论文正式写作时还能调整论文题目吗？

大部分学校都不行，否则开题就没有意义了。

2. 论文开题用的企业真名，正式写作时还能换成化名吗？

最好开题的时候就确定好，要用真名就一直用真名，要用化名就一直用化名，否则可能要重新开题。

3. 开题报告 PPT 可以只用英文吗？

看学校的具体要求。比方说我们学校的国际 MBA，也就是 IMBA，他们的 PPT、答辩全部用英文，但是一般的 MBA 没有这个要求。

4. 论文中都要写技术路线，请问技术路线是什么意思？

技术路线这个说法来自工程技术领域，是工程研发或者技术研发方面的要求。我是工科出身，我本科就是学工程的，所以对这个词很熟悉。比如说我们研发一个新产品，就可能有好几条技术路线，从不同的路径来实现产品研发。再比方说我们研究新型冠状病毒疫苗，同样可以有不同的技术路线。也就是说通过哪些手段、通过怎样的流程或者采用怎样的技术原理，来成功研发某种产品。这个研发的技术流程，研发过程的这种内在逻辑，就是技术路线。

这个工程技术领域的术语用到 MBA 论文里，尤其在写开题报告的时候，其实是指你写论文的思路。你的这篇论文，要提出问题、分析问题、解决问题，那你的具体研究思路是什么？你为了研究论文题目提出的这个大问题，要研究哪些小问题？这些小问题之间是什么关系？先解决什么问题，再解决什么问题，最后解决什么问题？这就是所谓的技术路线。

5. 对于专业学位的学生，学位论文不要求创新性。我想写的内容，许多前人的论文都涉及了，如何才能避免重复呢？

因为我们要写的是一个具体的企业的某一个方面的具体问题，你说的这种情况，只有一种可能，就是在你的这家公司，或者你想作为研究对象的这家公司，已经有很多人读过了 MBA，他们都以这家公司为研究对象，把这家公司很多的管理问题都作为论文研究问题写过了。

要避免重复，要么你写的还是同一家公司，但是你研究的问题跟前人不一样，要么你索性换一家公司，找个别人没研究过的公司，研究别人没写过的问题。否则，重复率可能会比较高，查重的时候会给自己带来风险。

6. 开题答辩要注意什么？

我想你可能问的是，学校有开题答辩环节，就是老师和学生面对面，你要向几个答辩专家来介绍你论文的准备情况，论文的题目等。实际上开题的核心环节，专家想听的就是你选的这个题目合适不合适，你为什么选这个题目。你要讲清楚你为什么选这个题目，你要证明这个题目是适当的，是合理的。

我前面特别讲过，论文选题要注意"小题大做"，题目不要选大了，你要证明自己的论文题目是一篇 MBA 学位论文的题目。另外，你要讲清楚你选这个题目的背景、意义，以及研究内容、研究思路，你现在设想的这篇论文的提纲，这就是开题报告里面要写的东西。实际上就是向答辩专家证明：这篇论文怎么写你现在已经想清楚了，已经有了研究方案，能够在规定的时间之内完成。

做到这些，开题就比较容易通过。如果专家认为你的题目不妥，选题选大了，或者其他方面不符合论文题目的要求，这个题目就不是一个合适的专业学位论文选题，那开题答辩肯定通不过。如果题目没问题，但是后面的陈述让专家认为，你根本就没想清楚论文怎么写，你的思路是混乱的，基础知识、基本理论、基本工具和方法都没有掌握，你没有做好写这篇论文的准备，那么开题答辩也有可能通不过。专家可能会让你重新做这些基础性工作，等你能够证明这篇论文可以写得出来，可以达成预期成果时，开题才会通过。

第三节　关于写作的答疑

1. MBA 论文写作前期阅读文献的方法是什么？需要注意什么？

阅读文献没有什么捷径，选择和你论文研究的问题相关的文献，认真去读就可以了。要注意的问题是，尽可能把需要的文献都找到，然后全面地、深入地去阅读。你要知道文献都说了什么，对你的这篇论文要解决的问题有什么帮助，在充分了解文献的基础上开始你的论文写作。

2. 数据如果占比不大会不会被认为论据不充分？

当然会。你要给出充分的数据，能够用图表展示的数据就不要用文字阐述，因为这就是你的论据，而图表呈现出来的数据是最充分、最直接的论据。

3. 如何从海量的文献中提炼出自己需要的理论基础？

写 MBA 毕业论文不需要阅读海量的文献。MBA 论文考查的是你是否已经掌握了在两年的课程学习中教科书教的那些理论、方法和工具，能否用它们来解决一家企业的一个现实的管理问题。

虽然需要阅读文献，但这些文献都是跟你要解决的这个问题相关的，绝对不会需要海量文献，更不需要你自己从海量文献中提炼出理论基础，这是博士学位论文的要求。你需要做的，只是从文献或者从教科书中，找到你需要运用的、现成的、公认的理论，把它用好，用它去解决要研究的现实问题。不要试图从文献中去提炼自己的理论，这一点要特别注意。

4. 专业学位论文文献的正确格式是什么样的？注码标在哪个位置？

关于文献格式，每个学校的学位论文的要求可能不太一样，所以我建议你去看你们学校有没有对于文献格式的规定。如果没有的话，你们学校以前的论文的文献格式可以作为参考。注码标在哪个位置也是一样，要看学校是否有规定、有模板，照着模板来，如果没有，参考学校以前的学位论文。

5. 培训制度问题研究模板是什么？

这个问题没有研究模板。任何 MBA 学位论文的研究问题，都不会有研究模板。虽然我讲过战略管理论文的写作有个一般的研究框架，但也不能说论文有一个模板，可以套用模板。你可以看看你们学校以前的论文有没有写类似问题的。培训制度问题应该是一个人力资源管理问题，那么你要去看人力资源管理相关的理论、相关的文献，也可以参考以往这方面的论文。

6. 培训制度问题优化需要收集哪些数据？

可以肯定地讲，既然论文题目里面有"优化"两个字，也就是说要在原来的基础上改进，肯定要了解现在的培训制度有哪些问题，跟这些问题相关的数据都要收集，然后才能提出一个优化的方案。

7. 在论文写作过程中，一般书本上学到的理论至少应该涉及几个？图表之类的必须要有吗？

书本上学到的理论应该涉及几个？没有标准答案，一切以论文的研究问题为准。比方说，你的研究问题是战略问题，你要解决战略问题，那就要进行战略环境分析，就要做宏观环境分析，这个时候你就必须用一个理论框架，即 PEST 模型，这是宏观环境分析最常用的理论模型。你要做行业与市场环境分析，就必须要用迈克尔·波特的五力模型。哪个理论能够解决你的问题，适用于你的问题，你就要用哪个理论。

图表之类的必须要有，而且要多一点，这是论据，这是作者展示数据、证明论点的最重要的方式，不然怎么叫论文呢？但是要注意一点，图表是和研究问题密切相关的，不要把和论文主题不相关的图表堆砌进来，那就画蛇添足了。比如有同学写一个建筑施工项目的管理问题，结果把项目设计图、模型图、施工图之类的很多图都放到了论文里，有些图是纯粹的技术性图纸，和论文研究的管理问题关系不大，完全没必要放进论文里。这种图表放多了还会让专家觉得是在堆砌数据，反而会影响对论文的评价。

8. 以运营管理为方向的论文如何写？有哪些建议？

写论文共性的问题是一样的，请参考本书前两章的内容。第三章以战略管理为方向，介绍了战略管理论文怎么写，会对写运营管理方向的论文有所启发，除了具体的理论、工具、方法不一样，原理是一样的，思路是一样的。通过前三章的学习，结合运营管理的教科书，结合运营管理的相关理论，来思考你想要解决的运营管理问题。

9. 运营管理方向的论文，应该收集或准备哪些资料？

虽然运营管理和战略管理方向不一样，但收集资料的要求是类似的，你可以举一反三。

10. 做 SWOT 分析可以不请专家做 IFE 和 EFE 评分吗？可通过消费者调研做分析吗？

建议你采用专家调查法，就是为了提高研究的科学性和客观性。

IFE 矩阵、EFE 矩阵和消费者调研有一定关系，但没有直接的关系，你是在进行市场与顾客分析的时候才去做消费者调研。通过消费者调研，你有可能会发现外部环境中的机会和威胁，这个机会和威胁最后要放到 EFE 矩阵里，然后再对 EFE 矩阵里的这些要素进行评分。这是两件事情。你当然要做消费者调研，应该做，但是和 IFE、EFE 评分不是一回事。

11. 论文中的图找不到原图，自己照着原图样式制作一个可以吗？如果论文中有引用，经典的理论都要做标注吗？脚注和参考文献有什么区别，都要在论文中呈现吗？

可以自己制图。但是你要注明，因为找不到原图所以照着原图做的，而且要注明，不是你原创，是参考了哪一个图。

如果论文中有引用，教科书里的理论可以不用做标注，但标注一下会更好。你引用某篇论文里的理论，某个人的某个学术观点，一定要标注。

脚注和参考文献是否都在论文中呈现，要看每个学校对论文中标注的要求。不同学校的论文，标注的格式不太一样。有的是脚注，有的是尾注，没有统一的标准。但是总体来说，不管是在页脚标注，还是在文末标注，都要符合规范。引用了别人的东西，就必须要在论文里体现出来，要说清楚，这句话不是你的原话，引用了别人的，这是一个基本的学术规范。

12. 涉及技术的管理问题如何写才能偏管理而非技术？需要注意什么呢？

要注意的是，你要界定清楚哪些内容属于技术，哪些内容属于管理。比如说企业要建构一个 ERP 系统，这个 ERP 系统是为了解决什么样的管理问题，这就属于管理内容。具体到这个 ERP 系统怎么实现，用哪个数据库，这个数据库里的逻辑关系、拓扑图等，或者说服务器怎么选型，用哪几个型号，这一类的问题就偏技术了，就属于技术问题而不是管理问题。

尤其是研究信息管理问题的同学，要特别注意区分，你是写信息管理问题，而不是写为了解决信息管理问题而采用的技术方案，不要把你的专题研究型论文写成一个可行性研究报告或者变成一个项目的执行报告、执行计划，里面通篇都是技术性问题，比如工艺流程、设备选型、工艺参数，这些问题就不是管理问题，有点偏了。

13. 核心期刊中有关我的研究问题的文献特别少，怎么办呢？

有可能是这样，你研究的问题如果比较专业的话，期刊文献就特别少。那也没有关系，专业学位论文并不要求要用多少期刊文献，用好教科书上的理论就可以了。你在论文的理论和文献综述这一部分加以说明：这个问题现有的研究不多，文献不多。这里你说的是核心期刊文献特别少，那我建议你扩大检索范围，非核心期刊上的文献也可以用。如果你检索后发现文献特别少，可在论文里说明，你只用现有的管理理论去解决所研究的问题，也是可以的，专业学位论文并不要求太强的学术性，也不要求理论创新。

14. 我论文研究的是业务层战略，在业务层战略类型中，集中成本领先战略的使用条件有两个：目标市场具有较大的需求空间或增长潜力；目标市场不是主要竞争厂家争夺的重点。这两点是否有冲突？在现实市场中，只要有需求和增长潜力的市场，就是竞争非常激烈的市场，且是各个厂家市场拓展的重中之重，如果要采用集中成本领先战略，是否必须要符合这两个条件？该如何解读？

这个问题不是论文写作的问题，而是论文写作涉及的理论问题。

集中成本领先战略的使用条件有两个，这两个条件不是必须同时具备，应该是说符合任何一个都适用集中成本领先战略。所谓集中就是要聚焦某一个目标市场，一种情况是这个目标市场有较大的需求空间或增长潜力，可以采用集中成本领先战略，当然竞争可能就比较激烈，所以用成本领先战略。另一种情况是这个目标市场不是主要竞争厂家争夺的重点，可能这个市场并不是很大，或者这个市场并没有得到现在主要竞争对手的重视和注意，比方说它是一个长尾市场，一个非常小的细分市场，或者说，大家并没有看到它可以细分出这么一个单独的品类，一个单独的目标市场，总之大家忽略了这个市场，那你当然就可以集中在这个市场上，采用成本领先战略快速占领市场。

第四节　其他答疑

1. 论文中的文献综述写 1 万字可以吗？

论文的字数是 3 万～5 万字，如果文献综述就 1 万字，那其他内容怎么充分展开？另外，这 1 万字的查重率或许会很高。

2. 战略类论文中文献综述和战略工具的述评如何写，是不是论文必需的部分？

文献综述当然必须写。战略工具的述评其实不是述评，是简介，也必须写，只不过不需要写得很复杂，简单介绍一下就行。

3. 作为研究对象的企业只有 200 多人，研究群体不到 100 人，对这种小公司怎么做好问卷调查和访谈？

这样的企业作为专业学位论文的研究对象没有问题。研究的企业 200 多人已经不算小企业了，大部分企业可能都只有几十人。这家企业作为研究对象没问题，这个研究群体不到 100 人，做调查也没有问题，当然具体的问卷调查和访谈方法你不能问我，如果你还没有掌握问卷调查和访谈的方法，你要去看专业的书。学校不一定开这门课，那你就要去找关于研究方法的书来看，学习怎么设计问卷，怎么发问卷，怎么做问卷分析，怎么做访谈。大家记住，写论文本身就是一个学习的过程，通过一年的时间，你学会了运用某些理论、工具和方法去科学地研究问题、分析问题、解决问题。不会的东西就要善于自己去找答案。

4. 写业务层的战略，像王胜利同学那样分析财务数据比较规范，但民营企业的数据没那么规范，如何更好地利用有限的财务数据去展开论证呢？

这是个现实情况，很多民营企业的数据没那么规范，即便它愿意给你数据，数据不多，也不够充分，那你只能收集尽可能全面的数据。比方说你写业务层的战略，你从某个公司要到了一些数据，然后你发现它的财务数据不规范，或者它的财务管理流程不规范，或者它没有很好地进行财务数据的统计。这本身就是你研究发现的一个问题，这就是企业的一个劣势，是它需要改进的方面。你可以把这个发现写到论文里，在论文提出的战略解决方案里，作为一个战略实施措施或者保障措施提出来。论文的要求是一定要有数据，要写真实的企业。现在有了真实的企业，但数据又不够充分，那你就实事求是，站在你的角度去看待企业的问题，去分析这个问题，提出解决方案。

5. 供水、供电、供热等公共服务企业可以做研究对象吗？需要注意什么？

公共服务企业或者说国有企业，只要是把企业作为研究对象，理论上应该是没有问题的。公共服务企业也属于工商管理的范畴，也是要进行管理的，它和事业单位、非营利组织是不一样的。

6. 农家乐基本上都是个体经营，研究一个区域的农家乐经营策略可行吗？

要注意，你研究一个区域的农家乐经营策略就有问题。这是在研究一群企业的共性问题。研究一个区域，比方说一个县农家乐的经营策略，我们会认为这个题目太大，属于行业的问题、总体的问题。但是，如果你选择某一家农家乐，解决它经营管理上的某一个问题，是没有问题的。把它写好了，可能会是一篇非常精彩的好论文，这是典型的"小题大做"。

7. 关于《区域全面经济伙伴关系协定》（RCEP）下中国农产品企业发展研究可以作为题目吗？

不可以。论文要"小题大做"，不适合写某一个行业的问题，不适合写一个太大的问题。

你要写中国农产品企业发展研究，中国农产品企业有多少家？这个发展研究是发展战略研究吗？是研发吗？是供应吗？是生产吗？是哪一个职能领域？

我建议你先去界定好论文的管理问题，掌握学位论文写作的基本要求和注意事项。把题目缩小，"小题大做"，这样才能写好论文。

■ MBA 学位论文开题、写作与答辩经验分享

一、目标与计划

写好论文，我的体会是首先要学好专业课。MBA 课程其实非常多，我们上了 20 多门课程。组织行为学、运营管理、领导力、战略管理、营销管理、管理沟通、前沿讲座、商业伦理、管理经济学、人力资源管理、会计学、公司财务、企业法律实务、国际金融等课程都是很重要的。学好专业课，提升专业素养与能力是写好论文的基础，同时要注重社会实践。注重理论，同时注重实践，为论文的写作打下好的基础。

1. 写作目标与标杆

"凡事预则立，不预则废"，有准备，有计划，事情容易做成，否则容易失败。MBA 论文的写作大概有一年的时间，我们首先要有一个计划，有一个小目标。

我当时的小目标就是：要获得优秀论文。

优秀论文是什么样子呢？

请看评审标准。外审专家评审的标准：①选题的针对性；②对选题涉及领域的熟悉程度；③综合运用理论知识解决实际问题的能力；④工作的先进性和实用性；⑤工作的难易程度；⑥论文成果或结果的效益性；⑦论文写作的规范性。相对应的是较为详细的评价要素，专家根据标准评分。总体评价，85～100 分为优秀，就是 A；75～84 分为 B；60～74 分为 C；60 分以下为 D。得 C 就麻烦了，得 D 更麻烦，评审通不过。外审专家给我的论文打了 90 分。

战略里有个方法叫作标杆分析法，首先看看标杆，看看基准，看看优秀论文是什么样子。从内部、外部、过程等处找基准，这就是标杆分析法。我曾经把 2018 年兰州大学的 30 篇 MBA 优秀论文都打印出来，相当于 30 本书，这些论文我都读过。

这个经验是财务专家张涛老师介绍的，他说，写 MBA 论文，首先要找 10 篇优秀的、同方向的硕士论文，再找 10 篇同方向的博士论文，先看看优秀论文是什么样子，这样会让我们少走弯路。

兰州大学管理学院这 30 篇优秀论文，平均 75 页，60 页以下有 3 篇，60～69 页 11 篇，70～79 页 4 篇，80～89 页 7 篇，5 篇 90 页以上（见图 1）。你写一篇优秀论文，大概要 75 页。如果按写作进度细分的话，大概每周要写 4 页，每个月要写 15～16 页，当然每个人的进度不一样。这 30 篇优秀论文，平均 21 个图、17 个表，图表合计 38 个。

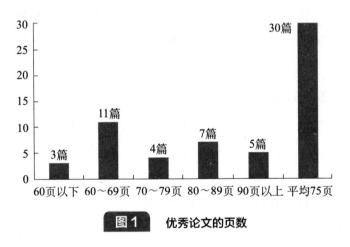

图 1 优秀论文的页数

2. 制订论文写作计划

论文写作计划如表 1 所示。

表 1 论文写作计划

研究任务	时间计划	工作内容
选题和开题报告	2019 年 3 月	在导师指导下完成开题报告，确保 4 月通过学院开题报告评审

续表

研究任务	时间计划	工作内容
资料收集与数据分析	2019 年 4—5 月	收集、阅读、整理至少 30 篇期刊文献、论文，至少 30 部专著及其他文献资料 宏观环境——PEST 资料 中观环境——行业与市场环境资料 微观环境——企业内部环境资料
初稿写作 20%	2019 年 6 月	至少 10 000 字，至少 16 页。用数据支撑论点
初稿写作 40%	2019 年 7 月	至少 20 000 字，至少 32 页
初稿写作 60%	2019 年 8 月	至少 30 000 字，至少 48 页
初稿写作 80%	2019 年 9 月	至少 40 000 字，至少 64 页
初稿写作 100%，中期答辩	2019 年 10—11 月	至少 50 000 字，至少 80 页，至少 50 个图表，至少 40 篇文献。交导师指导修改
论文修改与定稿	2019 年 12 月	2020 年 2 月完成定稿，导师确认。 目标：获得优秀论文。有战略理论依据，有丰富的数据支撑，有完备的工具利用，有实践价值
论文修改与定稿，查重	2020 年 1—2 月	

其中，2019 年 3 月完成选题和开题报告，目标是 4 月开题报告能够通过；4 月、5 月收集资料，战略性论文资料收集要多一些，除去期刊文献、论文、专著等资料之外，还需要宏观环境的资料，即 PEST 的资料；中观环境的资料，即行业与市场方面的资料；微观环境的资料，即企业方面的资料；6—11 月是初稿写作；到 11 月计划写至少 80 页 5 万字，包括至少 50 个图表、40 篇文献，给老师指导；2019 年 12 月到 2020 年 2 月定稿、查重，中间时间进行论文修改，当时的目标很明确：获得优秀论文。我给优秀论文确定的标准有：有战略理论依据，有丰富的数据支撑，有完备的工具利用，有实践价值。

二、选题与开题

战略有三部曲。一句是"把事做正确"，一句是"做正确的事"，一句是"正确地做事"。哪个应排第一位？毋庸置疑，首先是"做正确的事"，然后是"正确地做事"，最后是"把事做正确"。战略分析与制定就是"做正确的事"，即选择合适的战略；战略实施与控制就是"正确地做事"与

"把事做正确"，即解决问题与采取控制措施。

"做正确的事"，或者说选择有时比努力更重要。我们可能在关键时候选择了一个合适的学校，选择了一位好的老师，选择了一座好的城市，在关键点买了好房，选择了合适的投资，选择了合适的对象，这些选择对个人影响重大。选题与开题就是"做正确的事"。贾旭东教授说："写好开题报告，论文成功一大半。"我深有同感。

这一部分介绍两个内容：选方向，选导师；选题，写开题报告。

1. 选方向，选导师

选方向时其实很困惑：选人力资源管理、运营管理、战略管理、营销管理还是财务管理？不知道选什么。2018 年 6 月我们班已经上过会计学，授课的是一位知名的财务专家，他当时说要带我做研究生，当时有些激动。但是后来没有选财务管理方向，主要有两个原因：第一，我非财务专业出身，尽管这两年我花了很多时间去学财务。第二，如果写财务方向，对财务数据要求较高，我虽然可以找到一些，但是对公司又不太熟。所以我决定选择自己比较擅长的，运营管理、战略管理、营销管理、人力资源管理都可以，首选是战略管理方向或运营管理方向。

选运营管理方向？给我们上运营管理课程的老师是外聘的，选不了。选战略管理方向？当时不认识战略管理方向的老师。我们是 2018 年 11 月才上企业战略管理课程，选题时还不认识贾旭东教授。2018 年 8 月 24 日我和贾旭东老师结下师生缘，我当时为了选战略管理方向的贾老师，很认真地做了一份 PPT。图 2 是那份 PPT 第二页的内容。首先向老师介绍一下自己，因为老师不知道我是谁；其次介绍自己爱学习，获得了几个班级第一，爱读书、爱运动，有图文有数据；再次介绍我所在的公司及行业，论文研究方向是组织战略管理或运营管理；最后讲了选导师的原因。

其实选方向就是选导师。兰州大学管理学院是导师双选制，你选择导师，导师选择你，热门导师尤其不好选。兰州大学管理学院 MBA 有 400 多人，导师有 30 多位，热门导师是稀缺资源。

大家也知道一句话：最优秀的人，培养更优秀的人。学生当然希望选

图 2　以数据图表的形式介绍自己

一位名师。学习有多种途径：读万卷书不如行万里路，行万里路不如阅人无数，阅人无数不如名师指路。当时很想选贾旭东教授做导师。导师的教学、科研、社会活动很多，工作很忙。很开心的是贾旭东教授马上回复表示同意。

2018 年 11 月，贾旭东教授给我们上企业战略管理课程，后来还有一门课是国际管理学。为了学习贾老师的课程，除去两本 MBA 教材，我还读了他的另外两本书：《现代企业管理》及贾老师的博士论文《虚拟政府视域下的公共服务外包》，我当时是在京东上买的，贾老师的博士论文有 200 多页。

大家写过论文会知道，写论文过程中，跟导师会有很多交流、沟通，要理解导师，熟悉导师，这一点贾老师讲过，也是我自己的切身感受。

从 2019 年 3 月论文选题，4 月开题，4—5 月素材收集、6—11 月初稿写作，2019 年 12 月至 2020 年 5 月数次修改，导师花费了许多宝贵的时间与精力。从论文主题的字斟句酌、论文框架的逻辑思路、相关理论的准确表述、论文格式的标准规范、语句的通畅表达到文字标点和图表的使用，都得到导师的悉心指导。

2. 选题，写开题报告

学位论文体裁推荐专题研究，专题研究的核心是逻辑。研究逻辑即提出问题、分析问题、解决问题。首先是提出问题，我们要选择一个有价值的问题来研究。

选题流程：①确定企业问题；②查阅文献资料；③拟定论文题目；④确定研究内容；⑤明确研究思路。论文题目格式为：××公司××问题的研究（改进、提升、优化）。如果没有经过系统训练，选题过程中会感觉比较茫然。

论文题目要确定研究对象、研究主题、研究核心。论文题目的确定最终要和导师商量。

我的论文题目是"RS公司水族箱业务竞争战略研究"，现在来看好像很简单很普通，当时其实很花心思，同导师、专家讨论过好几次。

2012年6月我的一对双胞胎儿子出生，为了给孩子起名字，我把深圳龙岗图书馆起名字的9本书全部借回来了，网上还买了一本。给论文起名，找研究主题，感觉比给儿子起名字还要困难。

（1）研究对象。你要确定一家公司，即"RS公司"。我当时想了很多名字，后来觉得还是简称"RS公司"最简洁。

（2）研究主题。公司有水族、花园、宠物、机器人、电子投资等业务。研究主题是什么呢？当时想过水族箱业务、水族器材业务、水族箱器材业务、水族产品、花园产品、宠物产品、机器人、电子投资，考虑很久，最后定下来写水族箱业务。

（3）核心问题。我论文的核心问题是竞争战略。为什么？因为公司现在的竞争战略比较模糊。当时曾经想过写发展战略，后来被导师否定了，因为公司老总写发展战略更合适。

下面是兰州大学10篇优秀MBA论文的题目，我从研究对象、研究主题、核心问题三方面进行分析。

● GET公司员工班车运营优化方案研究

研究对象，GET公司；研究主题，员工班车运营；核心问题，优化方案。

● 安联公司组装车间生产效率改善研究

研究对象，安联公司；研究主题，组装车间生产；核心问题，效率改善。

- 比迪特公司供应商评价优化研究

研究对象，比迪特公司；研究主题，供应商；核心问题，评价优化。

- 德昌电机公司 90 后员工关系管理研究

研究对象，德昌电机公司；研究主题，90 后员工；核心问题，关系管理。

- 德昌电机公司 HVAC 作用器的生产标准化研究

研究对象，德昌电机公司；研究主题，HVAC 作用器；核心问题，生产标准化。

- 定西联通移动业务营销策略研究

研究对象，定西联通；研究主题，移动业务；核心问题，营销策略。

- 甘肃安多清真绿色食品有限公司有机畜产品营销策略研究

研究对象，甘肃安多清真绿色食品有限公司；研究主题，有机畜产品；核心问题，营销策略。

- 甘肃联通创新业务沃云营销策略研究

研究对象，甘肃联通；研究主题，移动业务；核心问题，营销策略。

- 广发银行东莞分行信用卡营销策略改进研究

研究对象，广发银行东莞分行；研究主题，信用卡；核心问题，营销策略。

- 国企限薪背景下深圳高薪投高管薪酬体系优化方案研究

研究对象，深圳高新；研究主题，高管薪酬体系；核心问题，优化方案。

如果开题报告已经通过，那就不需要研究优秀论文题目了；如果没有通过，或者在开题阶段，研究优秀论文的题目很有必要。

开题报告分以下几部分：研究背景与意义、相关理论基础、研究内容与思路、研究方法与工具、论文框架设计、论文进度安排、参考文献。各个学校的要求可能大同小异。

写好开题报告就是在做正确的事情。大家一定要高度重视开题报告，越重视，开题报告评审的时候，你就越胸有成竹、思路清晰，后面的写作过程就越轻松。

三、素材收集

素材收集，多多益善。

写论文，需要很多素材，需要哪些素材？素材从哪里来？当然，研究方向不同，研究主题不同，素材与渠道肯定不同。下面是我的一些经验，以战略类论文为例，仅供参考，大家可以根据实际情况举一反三。

战略类论文需要的素材大概会多一些，如图 3 所示。

图 3   **战略类论文需要的素材**

具体包括：期刊文献、专著、硕博论文，其他文献等；宏观环境方面，PEST 分析的资料；中观环境方面，行业与市场方面的资料；微观环境方面，企业内部的资料。

微观环境资料就是所研究企业的内部资料，如图 4 所示。我在论文里分了三类：一是企业资源，包括有形资源、无形资源、人力资源；二是企业能力，包括组织管理能力、生产制造能力、研发创新能力；三是企业经营现状，包括财务现状、企业文化、波士顿矩阵。

素材从哪里来呢？给大家推荐几个找素材的专业渠道。

1. https：//www.cnki.net/

中国知网可以查期刊文献、硕博论文、图书、研究数据。写论文需要大量运用中国知网的资料。

图 4　战略类论文需要的微观环境素材

2. https：//xueshu. baidu. com/

百度学术也是查找期刊文献的一个网站。

3. http：//www. stats. gov. cn/

国家统计局网站有 GDP、CPI、PPI 等经济与人口数据。例如图 5 展示的是 2014—2018 年中国居民可支配收入及其增长速度，可在国家统计局网站收集。图需要自己整理，自己画，没有现成的。数据要找权威数据，国家统计局网站就是权威资料的权威来源。

图 5　五年中国居民可支配收入及其增长速度

4. https：//www. tianyancha. com/

天眼查：查公司、查老板、查关系、查简单财务数据。

很多同学很困惑，财务数据从哪里来？如果是上市公司那就很好找，但是很多公司没上市，财务数据不公开，建议用天眼查。我论文里面的部分数据，就是通过天眼查找到的，在天眼查可以查到一些简单的财务数据。当然它要收费，我是通过付费方式找了一些公司的财务数据。

5. http：//www. cninfo. com. cn/new/index

巨潮资讯是查找上市公司财务数据的一个专业网站，里面有非常翔实的财务数据。我曾经下载过格力、美的等公司5年的年报，每份一两百页，有非常丰富的数据。

6. http：//www. cnnic. net. cn/

中国互联网络信息中心。

7. http：//cifer. pbcsf. tsinghua. edu. cn/

国际金融与经济研究中心。

这几年我通过付费等方式，查阅了很多财经资料，包括智库资料，为论文写作打下坚实的基础。在信息爆炸的时代，可以通过多种渠道收集权威、即时、专业的信息，然后经过整理与过滤，提炼有价值的信息。

企业内部资料收集就不讲了，主要靠自己想办法。

上面是二手数据，写论文要用一手数据。一手数据从哪里来？这里分享两种方法。

第一种是问卷调查法。问卷可以采用文本格式或电子格式，可以使用很多小程序，比方问卷星、互动吧等。

第二种是访谈法。

我在论文写作中，曾多次运用问卷调查法和访谈法，这两种方法会为你的论文添彩。

四、初稿写作

1. 熟读理论，理顺资料

如果写战略方向论文，以下两本是必读书：

第一本是贾旭东教授的《现代企业战略管理：思想、方法与实务》，清华大学出版社 2018 年出版，很权威，很全面，也是我们的 MBA 教材，这本书需要精读，我差不多把书翻破了。

第二本书是弗雷德·戴维的《战略管理 概念部分》(第 13 版)，清华大学出版社 2013 年出版。这本书很经典。其中有用数据进行量化分析的方法，我在写论文第五章时深受启发。

战略类的书籍我收集了有几十本。还有一些非战略方向的参考书如下：

● 迈克尔·波特．竞争战略．陈丽芳，译．北京：中信出版社，2014.

● 雷亮，苏云．市场营销学：理论、实践与创新．兰州：兰州大学出版社，2012.

● 菲利普·科特勒，凯文·莱恩·凯勒．营销管理．何佳讯，等译．上海：格致出版社，2017.

● 张新民．从报表看企业：数字背后的秘密．3 版．北京：中国人民大学出版社，2017.

● 斯蒂芬·罗宾斯，蒂莫西·贾奇．组织行为学．孙健敏，等译．北京：中国人民大学出版社，2017.

● 马士华，陈荣秋，崔南方，周水银．生产运作管理．北京：清华大学出版社，2015.

● 周三多，等．管理学：原理与方法．上海：复旦大学出版社，2018.

● 张德．人力资源开发与管理．5 版．北京：清华大学出版社，2016.

收集了很多资料后，需要对这些资料进行分类、整理、提炼，做好笔记。如论文写到 "3.1.1　4. 中美贸易战对 RS 公司的利润率带来负面影响" 时，我在国际金融与经济研究中心网站收集了不少资料，但进行阅读分析、整理提炼，把原始素材浓缩成有价值的论文内容，需要花点心血。

另外，参考文献需要注明摘录文献的版本、年代及页码等，如果不提前做笔记，后面找起来可能会更花时间。

2. 妥善安排写作时间

写作时间因人而异，论文写作是痛并快乐着的过程。

开题报告通过后，如果材料充分，建议早动笔。尤其是在周末和节假日集中写，给修改和完善图表留足时间。根据学姐和学长的经验：写作时间是 200～300 小时。具体的用时因人而异。

我自己主要是集中在周末与节假日写作。

兰州大学读 MBA 三年，备考一年，这四年几乎所有的周末、节假日没闲过。一到周末背着包就走了，要么去上课，要么去参加社会实践，要么去图书馆复习或阅读，要么写论文。

其实很感恩家人。下面是"致谢"里面的一段话：

> 数不清的周末与节假日，数不清的星星点灯的夜晚，包容厚爱的家人永远是我心中最亮的星。感恩风雨同舟、默默奉献的妻儿，家庭的理解、支持是我顺利完成学业的坚强后盾。

平衡好工作、学习、生活的关系，考验着每一位 MBA 同学的智慧。写作的地点，因人而异。建议找一个安静的地方，办公室、图书馆、咖啡馆，如果家里安静当然也可以。我大部分时间是在办公室写论文。至今依然记得，星期天偶尔看到保安及保洁阿姨外，整个办公楼只有我一个人。

3. 写作注意事项

论文可分为正文前、正文、正文后三部分。正文前包括封面、原创性声明、中文摘要、英文摘要、目录。正文后包括参考文献、附录、致谢、作者简介、电子版授权书。

（1）正文前。正文前的注意事项介绍如下：

封面，要完美无瑕，或者叫美玉无瑕，标点、字号、字体、字间距、颜色，尤其英文题目，一处也不能错。

原创性声明，答辩通过后完成，按照学校要求写即可，各个学校可能不太一样。

中英文摘要，非常非常重要。摘要须提纲挈领，是论文的浓缩。先写正文后写摘要，摘要要字斟句酌，中文摘要含关键词不要超过一页。中英文摘要必须一致。

框架体现内容与逻辑，必须与正文保持一致。通过开题答辩后，框架可以做小幅修改。

（2）正文部分。正文部分的注意事项包括以下内容：

● 第一章 绪论

研究背景与意义：为什么要写这篇论文，这个很重要。研究背景与意义揭示了论文的研究价值，要找到真问题。

我的论文的真问题是什么？研究价值是什么？外部环境的挑战方面，黑天鹅与灰犀牛事件交织影响渐成常态：中美贸易摩擦不断升级，美国对中国输美商品大幅加征关税，以对美国出口占 60％产值的 RS 公司为例，出口成本大增；新冠肺炎疫情的冲击；中国老龄化加剧、人口红利渐失，环保监管趋严，原材料及土地成本上涨，生产要素成本不断上升，低成本制造不再具有持续竞争优势；森森、博宇、海利、佳宝等竞争者使市场竞争日益激烈。

公司现存主要问题是竞争战略模糊：研发战略创新不足，产品同质化过度，智能化制造滞后，国内市场开发严重不足，终端战略欠缺，品牌战略亟待升级，人力资源与国际大环境不匹配等。多重因素的叠加使公司利润空间渐小，利润率降低。在此背景下，如何使公司水族箱业务继续保持行业龙头地位，成为公司必须面对的重要研究课题。

研究工具与方法：工具和方法要权威、要成熟，运用要娴熟。我的论文主要运用了九个研究工具：PEST 分析法、五力模型、CPM 矩阵、BCG 矩阵、EFE 矩阵、IFE 矩阵、SWOT 矩阵、QSPM 矩阵、平衡计分卡。主要运用了三种研究方法：访谈法、问卷调查法、文献研究法。

研究内容与思路：我理解逻辑是论文的灵魂，内容是论文的骨肉，格式是论文的颜值。技术路线图体现了论文的研究内容和研究思路（见图 6），即 what 和 how 的问题。好论文是逻辑、内容、格式的有机体，论文的核心是逻辑。

● 第二章 相关理论与文献综述

运用理论要有相关性，要少而精，要多读经典理论文献。相关文献综

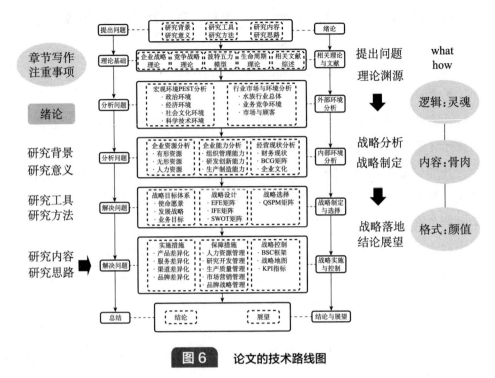

图 6　论文的技术路线图

述部分，当时写到这里写不下去了，便放到最后写，写了之后专家提建议说写得浅且不充分，我又看书修改。这一部分不太好写，大家要多读理论文献，多读优秀论文，多请教导师。

在贾老师答疑的时候，曾经有同学问，理论部分可不可以写 1 万字以上，不可以，除非论文字数特别多。通常查重率最高的就是理论部分，理论部分内容过多，你的查重率会较高；论文还会头重脚轻，结构不合理。

● 第三章　外部环境分析

写作注重内在逻辑，注重数据分析。

3.1　宏观环境分析——PEST 模型

宏观环境分析部分要注重用数据说话，注重内部逻辑。比如"2019 年减税降费政策为公司降低税费超过 500 万元"这部分内容是放到政治因素里还是放到经济因素里？和公司有什么联系？对公司会造成什么影响？是机会还是威胁？需要进行深入的数据分析。

3.2　行业与市场环境分析

3.2.1　行业与市场环境分析——行业总体形势。

写作注意事项：依然是注重内在逻辑，用事实说话，注重用数据分析。

当时写论文的时候，很困惑的就是行业数据不好找。因为公司所在行业是个小行业，行业内没有上市公司，权威数据不好找，为此想了不少办法，在知网、其他网站到处找行业报告、财经资料。

3.2.2　业务竞争环境——波特五力模型

波特五力模型：潜在进入者、买方、卖方、现有企业间的竞争及替代品。

最后分析的结论是：潜在进入者的威胁小，现有企业间的竞争激烈，供应商的议价能力弱，买方议价能力中偏上，替代品威胁小。

潜在进入者的威胁为什么小？现有企业间的竞争为什么激烈？要用数据来进行分析。

3.2.3　市场与顾客

依然是注重内在逻辑，有数据、有图表、有分析，如图 7 所示。

三　外部环境分析　水族箱业务行业与市场环境分析——市场与顾客　　注重内在逻辑

2014—2018年中国水族箱业务销售增长速度12.5%，行业规模2018年为305亿元。从过去10年增长变动来看，整体呈线性增长趋势，据专家预测2023年中国水族箱业务市场规模将达到452亿元左右

家庭居民是水族箱器材使用及消费的主力军，占比66%，办公室占比16%，营业场所10%，其他如娱乐及商务公共场所等8%；中等收入群体是大中型及高端水族箱消费的主力军

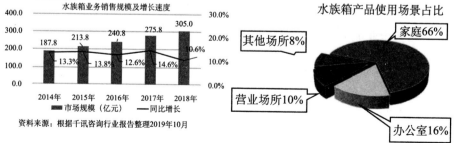

资料来源：根据千讯咨询行业报告整理2019年10月

图7　　**市场与顾客分析：注重数据图表**

● 第四章　内部环境分析

企业内部环境分析，指对企业资源、能力、经营现状的分析。

4.1　企业资源分析

企业资源包括有形资源、无形资源、人力资源。有形资源包括厂房、机器设备、财务资源等。RS 公司水族箱业务的财务资源优势体现在 5 年平均净资产收益率 13.74，客户账期 40～60 天，供应商账期 60～180 天，现金流良好。此外，无形资源、人力资源包括哪些？是优势还是劣势？同样需要进行分析，如图 8 所示。

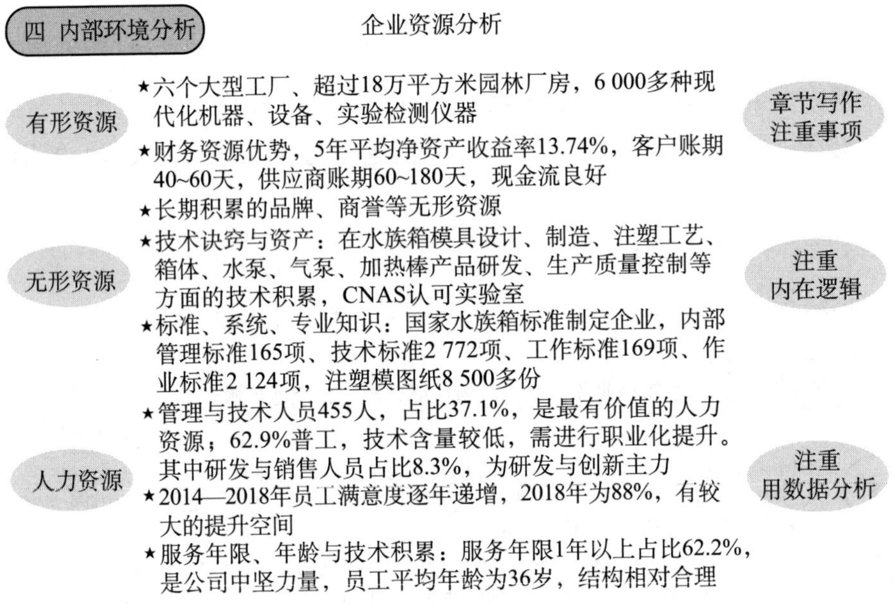

图 8　企业资源分析

4.2　企业能力分析

企业能力方面，论文从组织管理能力、研发创新能力、生产制造能力三个方面进行分析。每种能力从哪几个角度进行细化，要有丰富的图表数据。和企业资源一样，要进行优势和劣势分析。

4.3　经营现状分析

从财务现状、BCG 矩阵、企业文化三方面进行分析，如图 9 所示。财务现状从主营业务收入、净资产收益率、总资产周转率、权益乘数、资产负债率五个角度进行分析。企业文化不太好写。企业文化的现状如何？企业文化与战略到底有什么关联？这部分我修改了好几次。

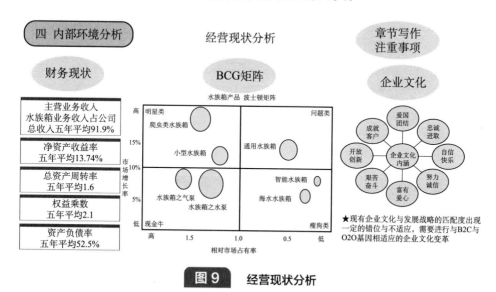

图 9　经营现状分析

● 第五章　战略制定与选择

5.1　战略目标体系

前面对外部环境、内部环境进行分析，是为了制定战略。竞争战略要服务于企业使命、愿景、目标、发展战略。使命、愿景、目标、发展战略，这些概念容易搞混。写作时要多研读理论，弄清楚概念。

5.2　水族箱业务竞争战略的设计

5.2.1　EFE 矩阵

EFE 矩阵是进行战略分析的必备工具，要熟练运用，要注意与外部环境分析的内在联系，能够利用数据最好，如图 10 所示。贾老师也讲过，这里最好用专家问卷调查法。否则答辩时专家常常会问：权重是怎么得来的？评分依据是什么？分析权威吗？

5.2.2　IFE 矩阵

IFE 矩阵和 EFE 差不多，要注重内部环境分析的内在联系，要熟练运用，最好采用专家问卷调查法，如图 11 所示。要注意，其中劣势部分打分通常为 1 分或 2 分，如果对方法不熟容易弄错。

五　战略制定与选择

EFE矩阵

章节写作注重事项

EFE矩阵工具专家问卷调查与外部环境分析的内在联系

关键外部因素	权重	评分	加权分数
机会（Opportunities）			
1.国家2019年减税降费2万亿元政策，年度为RS公司降低税费超过500万元	0.09	4	0.36
⋮			
威胁（Threats）			
1.中美贸易摩擦复杂多变，至2019年5月输美2 500亿商品加税25%，使对美国出口占实体产值总额60%的RS公司利润率降低	0.10	2	0.20
⋮			
总计	1.00		2.88

加权总分2.88分，表明可以有效利用机会，规避威胁

图10　EFE矩阵的运用

五　战略制定与选择

IFE矩阵

章节写作注重事项

IFE矩阵工具专家问卷调查与内部环境分析的内在联系

关键内部因素	权重	评分	加权分数
优势（strengths）			
1.公司六个大型工厂、超过100 000平米的园林式厂房，6 000多种配套成熟的现代化机器设备、实验检测仪器	0.08	4	0.32
⋮			
劣势（Weaknesses）			
1.销售方面过度依赖销售额60%美国市场，利润率降低，风险加大	0.07	2	0.14
⋮			
总计	1.00		2.73

加权总分2.73分，表明可以有效利用优势，克服劣势

图11　IFE矩阵的运用

5.2.3　SWOT矩阵

进行 EFE、IFE 分析后，要考虑优势、劣势、机会、威胁的组合，制定备选战略，我的论文共制定了 17 个备选战略，这项工作非常考验战略制定者的战略思维能力。制定完之后要对备选战略进行分类，即进行差异化战略、集中化战略、成本领先战略的分类。

5.3　水族箱业务竞争战略的选择

5.3.1　QSPM矩阵

QSPM 矩阵是进行战略优选的必备工具。对三种战略进行打分，最终成本领先战略 4.88 分，集中化战略 5.33 分，差异化战略 7.43 分，优先实

施的战略是差异化战略，如图 12 所示。

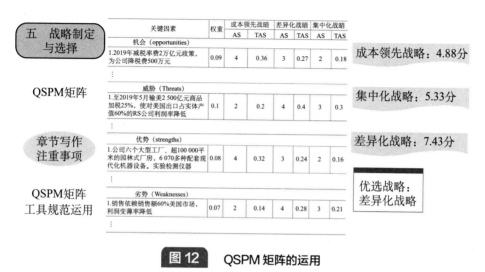

图 12　QSPM 矩阵的运用

5.3.2　水族箱业务竞争战略决策

（略）

● **第六章　战略实施与控制**

第六章是战略管理方向论文的重心。论文的水平主要体现在解决方案上。方案要具体，可执行，具有可操作性。避免"正确的废话"，按照 4W2H1IT，解决以下问题：方案是什么？在哪里做？何时做？谁来做？怎么做？需要多少资源？如何进行风险防控？

6.1　战略实施措施——四个差异化

6.1.1　产品差异化

产品差异化的实施方案包括迭代产品差异化、形式产品差异化、小型自动换水缸产品差异化、智能水族箱产品差异化，具体措施再细化。

记得 2020 年 1 月 17 日我将论文第 3 稿发给贾老师，然后请了几天假，从深圳先回到了西安，然后回到南阳准备过年。20 日贾老师就发回了修改意见，说这部分不具体。2020 年刚好碰到新冠肺炎疫情，不能走亲戚，我是在回老家过春节那几天，关在屋子里来写实施计划的。

制订实施计划需要一定的理论与实践基础。要写出实施方案、具体措施、跟进人、计划时间、资源支持、风险控制，这些细节比较考验功底。

6.1.2 渠道差异化

（略）

具体、可操作、可执行，是本部分的写作重点。

6.2 战略保障措施——五个管理保障

战略实施之后是战略保障措施，战略保证措施分以下几个部分：

6.2.1 人力资源管理

前面提到战略管理方向的论文不太好写，比如到人力资源管理部分，如果没有理论及实践的积累，这时候也不太好写，所以建议大家要熟悉理论，重视实践。人力资源管理保障包括人力资源规划的完善、薪酬与绩效考核体系的完善、职业生涯规划建设的完善、培训体系与制度的完善。

6.2.2 研究开发管理

包括研发组织的完善、研发制度的完善、研究开发过程的完善。

保障措施同样要具体、可操作，可落地、可执行。

6.2.3 生产质量管理

包括生产自动化、生产智能化、精益生产系统化、质量管理规范化。

（略）

6.3 风险控制

除了实施及保障措施，写战略类论文一定要有风险防控（战略控制）措施。这部分写的是平衡计分卡，包括平衡计分卡框架、战略地图、KPI指标三部分，如图 13 所示。为了写这部分的内容，我特意买了两本书来研读。这部分专业性较强，数据多，关联性强，如果没有理论积累和实践经验，可能不太好写。

● 第七章 结论与展望

结论与展望要简洁明了，对全文进行总结。

整篇论文的结论是 4＋5＋1 差异化战略：4 个实施措施，5 个保障措施，1 个风险防控措施。4 个实施措施，产品差异化、服务差异化、渠道差异化、品牌差异化；5 个保障措施，人力资源管理、研究开发管理、生产质量管理、市场营销管理、品牌战略管理；1 个风险防控措施。图 14 显示了 4 个实施措施和 5 个保障措施。

KPI指标

视角		关键评价指标	2018	2019	2020	2021	2022	2023
财务	核心指标	净资产收益率%	15.5	17	19	20	21	22
		销售净利率率	7.18	9	10	11	12	13
		总资产周转率	1.79	1.9	2	2.1	2.2	2.3
	盈利能力	权益系数	2	2	2	2	2	2
		主营毛利率%	25	27	29	30	31	32
		新产品收入占比%	20	25	30	35	40	45
		期间费用率	16.64	<16	<15	<14	<13	<12
	运营能力	应收账款周转率	13.3	16	18	20	21	22
		存货周转率	9.4	10	11	12	13	14
	偿债能力	总资产报酬率%	7.8	9	10	10	10	10
		流动比率	1.01	1.1	1.1	1.3	1.4	1.5
		速动比率	0.95	1	1.1	1.2	1.3	1.4
		资产负债率%	50	50	50	50	50	50
		利息保障倍数	22.9	24	25	26	27	28
	成长能力	主营净利润增长率%	5	6	7	8	9	10
顾客		顾客满意度	90	91	92	93	94	95
		国内市场销售占比率%	10	15	17	19	21	23
		客户投诉次数(次)	21	<18	<15	<12	<9	<6
内部流程		成本控制(基于专家问卷)	2	3	3	4	4	4
		研发专家满意度(基于专家问卷)	3	3	3	4	4	4
		研发专利(件)	375	400	450	500	550	600
		40天标准交货时间(天)	45	40	35	30	25	20
		质量指标合格率%	99.9	99.92	99.93	99.94	99.65	99.96
		劳动生产率(万元/人/年)	51	55	60	65	70	75
		自动化比例%	19	25	31	38	43	50
		管理能力(基于专家问卷)	4	4	4	4	4	4
创新与学习		员工满意度%	88	90	91	92	93	95
		新产品销售增长率%	10	15	20	20	20	20
		创新研发人员占比%	8.3	11	13	15	17	20
		培训计划达成率%	90	92	94	96	97	98
		创意改善提案(件数/月)	50	55	60	65	70	70

战略地图

财务
- 增加长期股东价值
- 增加收益战略 / 生产效率战略
- 收益增长率 / 增加客户价值 / 改善成本结构 / 提高资产利用率
- 提高产品收益率 / 新收入来源 / 客户收益 / 单位成本 / 资产利用

顾客
- 顾客价值表 / 顾客忠诚
- 产品差异化 / 服务差异化 / 品牌差异化 / 渠道差异化
  - 产品差异 / 服务领先 / 定位独特 / 电商渠道
  - 价值独特 / 快捷服务 / 市场增长 / 直营渠道
  - 满足需求 / 高质服务 / 品牌美誉 / 购买便捷
- 以顾客价值导向 / 以客户为中心 / 运营体系结构
- 顾客价值空间
- 产品 / 服务品质
- 质量 / 价格 / 功能 / 文明 / 安全 / 服务 / 伙伴关系 / 形象 / 品牌
- 顾客满意度 / 客户投诉率

内部流程
- 运营管理流程 / 客户管理流程 / 创新流程 / 法规和社会流程

创新与学习
- 人力资本 / 组织资本 / 信息资本

战略控制措施

内部流程
- 运营管理流程：精益生产管理系统，生产、交付、服务的流程，呈现"优质产品价值价值"增加"客户价值"服务"及"卓越运营"
- 客户管理流程：营销管理流程
- 创新流程：研发创新管理流程，研发、开发"差异""化"产品及服务
- 法规和社会流程：品牌战略管理流程，社会责任办企业文化管理流程，整合、塑造"品牌形象""与企业形象"

创新与学习
- 人力资本：打造"爱国忠诚、团结进取、自信快乐、努力拼搏、落有变心、开放合作、艰苦奋斗、以客户为中心"的高绩效团队
- 组织资本：团队建设、组织架构、完善组织管理能力
- 信息资本：ERP系统、大数据、云计算、物联网

图13　战略控制措施

六　战略实施与控制

战略实施的控制

章节写作注重事项

核心章节写作可操作

展望部分其实就是介绍论文的价值以及局限性。

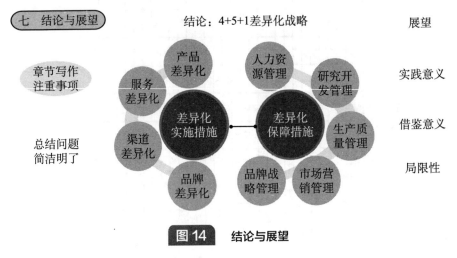

图 14　结论与展望

（3）正文后。正文后的注意事项包括以下内容：

● 参考文献

贾老师博士论文的参考文献共 176 篇，中文文献 114 篇，英文文献 62 篇，非常多。

30 篇 MBA 优秀论文，平均参考文献 38 篇，中文 32 篇，英文 6 篇。

MBA 论文写作，参考文献要 40 篇左右。

参考文献的格式，每个学校可能有细微差别，按照学校的规范要求即可。

● 附录

附录这部分可有可无。如果有，附录内容，一定要跟正文相结合，前后呼应。比如有一手资料的调查时，调查表可作为附录，如图 15 所示。

附录

章节写作
注重事项

与正文对应
可有可无

附录C　IFE矩阵专家问卷调查表

RS公司水族箱业务内部因素评价矩阵（IFE矩阵）专家问卷调查表

关键内部因素	权重	评分	加权分
优势（strengths）			
1.公司六个大型工厂，超过100 000平米的园林式厂房，G070多种配套成熟的现代化机器设备、实验检测仪器 ⋮			
劣势（Weaknesses）			
1.销售过度依赖销售额60%美国市场，利润率降低，风险加大			
总计			

图 15　附录

我的论文有 6 个附录。

兰州大学 30 篇 MBA 优秀论文平均附录数量 1.5 个。

● 致谢

感谢导师、各位老师、专家、同学、家人、领导……这里可自由发挥，注意细节提炼，表达真情实感。

五、评审与答辩

1. 中期评审——开放、感恩

中期评审就是内部专家对你的论文初稿"把脉问诊"，不同学年、不同学校中期评审的时间、方式可能不同。我们不能讳疾忌医，我的体会就是一定要开放、要感恩。

兰州大学管理学院规定参加中期评审的同学要在规定时间进入学院官网，进入"学位论文管理平台"，提交 PDF 格式的论文。导师审核同意后才能进入中期评审，要注意查看导师审核意见和修改意见。兰州大学管理学院为专家匿名评审，要注意查看专家审核和修改意见。若平台显示"专家审核已通过"，需根据专家及导师意见进一步修改，进入学位申请环节并参加查重、送外审。若平台显示"专家审核未通过"，需根据专家及导师意见进一步修改后，参加预答辩（二次评审）。

图 16 是当时中期评审专家给我的评审修改意见，很中肯，对论文修改有很大帮助。在中期评审前，我觉得做个图表目录挺好的，评审专家对此提出了修改意见，我就把图表目录删去了，现在想想确实有些画蛇添足。如果偶有专家意见与导师不一致，必须同导师商量，最终以导师意见为准。

2. 定稿和查重——好论文是改出来的

论文完成，你会感到喜悦。定稿和查重，其实就是论文修改打磨的过程。记得有位学姐说过：你的每一次偷懒，专家都看得到，并且把你批得体无完肤。这句话我很认同。导师在整个论文写作过程中数次提出修改意见，可能你会觉得导师很严格，明察秋毫。因为导师阅文无数，火眼金睛，有问题一下子就能看得出来。

学生姓名	研究方向	文档类型	论文题目	上传状态	导师审核状态/导师修改意见	专家审核状态/专家修改意见
王胜利	组织与战略管理	内部审核	RS公司水族箱业务竞争战略研究	已上传2020/3/9 18:11:54	审核已通过修改意见	审核已通过 修改意见:图表目录列表没有要求,还是统一根据学院规定;相关文献综述部分比较薄弱(不是水族箱的文献综述);正文中字体不要加黑;矩阵分析中的权重赋值要有依据;实施措施应该作为战略的内容好,还是作为实施措施好,和导师商量。

图 16　**中期专家评审意见**

兰州大学管理学院的查重标准是 15%,这是底线。个人查重标准建议一定要控制在 10% 以内。刚好在 15% 风险较大,达到 10% 会更安全放心些,因为不同时段、不同系统的查重结果会有差异。大家一定要树立底线思维,避免学术不端行为是写论文的底线。如果查重过不了,就没有答辩机会;即便侥幸过了查重,将来也会给自己留下隐患。

写论文需要不少图表,建议学一些简单的绘图软件,比如 Visio 软件,Excel 等也会常常用到。

论文格式需要严格按照学校规范细致调整,同时排版与布局也要仔细打磨。

好论文是改出来的,论文修改完第 5 稿时,导师说可以定稿了;其实之后又改了多次,一直到 2020 年 5 月最后提交前,还在打磨,每次都会发现一些细节需要修改。

论文的格式要求:标准规范,排版美观,布局合理。我的 AAA 论文,全文将近 6 万字,99 页,正文 80 页;95 个图表,表 29 个,图 66 个,几乎每页都有图表;参考文献 50 篇,附录 6 个。

3. 外审和答辩——把事做正确

外审和答辩环节分享三个内容:外审、答辩 PPT、答辩。

(1) 外审是双盲审。两位外审专家,盲审为期 30 天。成绩为 AA 则同意答辩;若为 AB、BB,修改后答辩;若为 AC、BC、CC,重新送审;若为 AD、BD、CD、DD,不同意答辩;若为 AC、AD,可以申请申诉,评阅结果只要出现一份 C 或 D, 即为申诉不通过, 学位申请人要一年后方能再次提出论文送审。

（2）答辩前要精心准备 PPT。特别强调, 做 PPT 也是个技术活儿, 要花心血。我觉得用于答辩的 PPT 应该形式大气、文字简洁、逻辑清晰、图文并茂。

（3）答辩。答辩的时候一定要着正装。面对众多专家非常专业的追问, 你可能会紧张, 因此要做充分的准备, 陈述要流畅。

因为疫情, 我们当时是在线进行远程视频答辩。答辩分组进行, 我们组 19 人, 答辩用时一天。远程端有五位专家, 答辩过程全程录像。每位同学采用 PPT 通过视频陈述 10 分钟, 严格计时; 五位专家面前都有一摞打印版论文, 专家会边听你陈述边翻看你的论文。之后, 进入与专家问答环节。时间 15～20 分钟; 专家的问题一般都是围绕你的论文展开, 非常专业, 直指核心。

答辩大忌: 不尊重专家。记得我们组绝大多数同学都被批评, 专家指出论文的诸多不足之处。好像我是当时唯一没有被批评的同学, 不过还是指出了多处细节问题。

写论文需要匠心精神。经典文献需要静心品读。

写好论文的关键是两个字: 认真。写论文考验的就是我们的匠心精神, 需要我们有认真的态度。大家能够读 MBA, 水平都差不多, 其实看你自己愿意付出多少, 愿意花多少时间。我读过 100 多篇论文、几百本书, 参加过 30 多次社会实践, 认真学了 20 多门 MBA 课程, 在资料收集的时候也花了不少的时间。

送给大家几句话: 取法乎上, 仅得其中; 取法乎中, 仅得其下; 取法其下, 无所得矣。放到论文写作上的解读就是: 目标是优, 结果可能至少是良; 目标是良, 结果可能刚刚通过; 目标是通过, 结果可能就过不了。

4. 答疑交流

问题 1: 有没有优秀开题流程图?

开题报告里有技术路线图。每个学校的开题报告模板可能不同。我建议大家找一下所在学校的学长学姐，看下他们的开题报告。我自己的开题报告曾经分享给一些同学。

问题2：开题报告论文框架确定后，写作时可否调整？

可以调整，但大框架调整的可能性很小。如果确实需要调整，需要跟导师商量，向学校提出申请。如果开题报告写得很好，后面就几乎不需要大调整。

问题3：外文文献怎么找？

我们读了MBA，外文文献应该可以自己找。也可以找学长，找英文比较好的朋友或同事交流一下。

问题4：访谈的资料一定要原始数据吗？

访谈资料是我们的一手资料，要自己跟进。专家比较看重你的一手数据。

问题5：做调研时很费力，人家不愿意告诉我真实的情况怎么办？

这个主要看调研问卷的设计和调研的方法，也看调研技巧；调研对象对问题的回答是否真实，需要自己甄别即做逻辑检验。强调一句话：知行合一。我们一方面要重理论，另一方面要重实践。

最后回到"贾语箴言"，还是那句话：认真！认真！再认真！

祝各位论文写作顺利！

战略管理论文范文点评：RS 公司水族箱业务竞争战略研究*

学校代码：**10730**

分类号：

密级：公开

兰州大学

硕士学位论文

（专业学位）

论文题目（中文）	**RS 公司**水族箱业务竞争战略研究
论文题目（外文）	**Research on the Competition Strategy of Aquarium Business of RS Co., Ltd.**
作 者 姓 名	王胜利
类 型 领 域	工商管理硕士
研 究 方 向	组织与战略管理
教 育 类 型	学历教育
指 导 教 师	贾旭东 教授
合 作 导 师	
论 文 工 作 时 段	**2019 年 3 月至 2020 年 3 月**
答 辩 日 期	**2020 年 05 月**

批注 [J1]：为保密起见，公司名称可用中文或英文化名，具体以学校要求为准。

批注 [J2]：论文题目的英文翻译应绝对准确，主词首字母大写。

批注 [J3]：这是有限公司的正确翻译，切忌翻为 company。

校址：甘肃省兰州市城关区天水南路 222 号

---

* 限于篇幅，仅展示了本篇优秀论文修订稿的基本框架，论文部分原文照排，未做修改。

RS 公司水族箱业务竞争战略研究

中文摘要

批注 [J4]：与封面题目必须完全一致。

批注 [J5]：摘要是全文的缩写，必须全面反映论文所有方面的内容，包括研究背景与意义、研究问题与内容、研究方法与工具、研究思路与过程、研究结论与发现等，应体现"提出问题-分析问题-解决问题"的基本逻辑。

随着中国经济 40 年的中高速增长、居民可支配收入的提高、城镇居民住房条件的改善、精神文化生活需求的多元化，水族产品已渐入寻常百姓家。水族产品属于健康休闲的精神消费品，水族业属于新兴产业，近年来以 10% 以上的年增长率持续成长，水族箱业务市场前景利好。

批注 [J6]：这段介绍研究背景。

深圳 RS 公司是一家拥有水族、花园、宠物、机器人、电子类产品研发、生产及销售的国家级高新技术企业。经过 30 年发展，公司面临越来越复杂的挑战。中美贸易战不断升级，美国对中国输美商品大幅加征关税，对美国出口占 60% 产值的 RS 公司出口成本大增；中国老龄化加剧、环保监管趋严、人口红利渐失、原材料及土地成本上涨，生产要素成本不断上升，低成本制造不再具有持续竞争优势；森森、博宇、海利、佳宝等竞争厂商使市场竞争日益激烈；产品同质化过度，智能化制造滞后，国内市场开发严重不足，终端战略欠缺，竞争战略模糊；多重因素的叠加使公司利润空间渐小，利润率降低。在此背景下，如何使 RS 公司水族箱业务继续保持行业龙头地位，成为公司必须面对的重要研究课题。

批注 [J7]：这段介绍研究意义与核心问题。

本文运用 PEST 模型、波特五力模型、CPM 矩阵等工具，对 RS 公司水族箱业务外部宏观环境、行业环境及市场环境进行了充分分析；从企业资源、企业能力、企业经营现状角度对 RS 公司水族箱业务内部环境进行了深入分析；在此基础上，确认 RS 公司水族箱业务所面临的外部机会与威胁、内部优势与劣势。

本文运用 EFE 矩阵对关键外部因素进行分析，量化外部机会与威胁，加权分数 2.88 分，说明 RS 公司应对机会与威胁的能力较好；利用 IFE 矩阵对关键内部因素进行分析，量化内部优势与劣势，加权分数 2.73 分，说明 RS 公司优势大于劣势；运用 SWOT 矩阵对机会、威胁、优势、劣势进行组合分析，制定可以采取的备选战略；运用 QSPM 矩阵对备选战略进行优选，确定 RS 公司水族箱业务应采用"差异化竞争战略"。

批注 [J8]：这段介绍研究方法、工具、过程与结论。

为确保"差异化竞争战略"的落地，提出了产品差异化、服务差异化、渠道差异化、品牌差异化 4 个实施措施；提出了人力资源、研究开发、生产与质量、市场营销、品牌战略 5 个职能战略的实施保障措施；提出了 1 个动态战略控制措施。以上措施的落地，有助于深圳 RS 公司水族箱业务保持持续的行业领先地位。

批注 [J9]：这段介绍论文的主要研究结论和解决方案。

关键词：水族箱业务，竞争战略，差异化战略，职能战略

批注 [J10]：关键词是为了便于检索而设置的，一般为论文的高频词、核心词或重要词汇，一般不超过 5 个。

兰州大学硕士学位论文　作者：王胜利　　　　　　　RS 公司水族箱业务竞争战略研究

RESEARCH ON THE COMPETITION STRATEGY OF AQUARIUM BUSINESS OF RS CO., LTD.

批注 [J11]：应与封面题目英文翻译完全一致。

Abstract

批注 [J12]：英文摘要必须准确翻译，保证质量，不可用机器翻译，避免翻译成中式英语。

With the rapid growth of China's economy in the past 40 years，the increase of residents' disposable income，the improvement of urban residents' housing conditions and the diversification of their spiritual and cultural needs，aquarium products have gradually entered the homes of ordinary people. As a new emerging industry，aquarium products belong to the health and leisure spiritual consumption goods，in recent years，Aquarium industry continues to grow at an annual rate of more than 10%，and market prospects are good.

…………

Key words：aquarium business，competitive strategy，differentiation strategy，functional strategy

批注 [J13]：英文关键词顺序应与中文保持一致。

II

兰州大学硕士学位论文   作者：王胜利   RS 公司水族箱业务竞争战略研究

目　录

············

批注 [J14]：目录中的标题、页码均应与正文中的完全一致。

第一章 绪论

批注 [J15]：第一章一般为"绪论"，是对全文内容进行的综合介绍。

1.1 研究背景与意义

批注 [J16]：介绍论文研究的背景与研究的意义，一般应分为两个小标题，分别阐述背景和意义。

1.1.1 研究背景

"水族"即"水中一族"、"水中宠物"，又称"观赏鱼"[1]。观赏鱼可以美化环境，陶冶性情，舒缓压力，民间多具"吉祥"象征，可归为健康休闲的"精神消费品"[1]。饲养观赏鱼历史悠久，过去多为少数雅士或权贵的宠物。近年来，随着世界经济的发展，尤其中国经济40年的中高速增长，居民可支配收入的提高，城镇居民住房条件的改善，精神文化生活需求的多元化，"水族"已渐入寻常百姓家，成为家庭生物圈的一员；加之企业单位、宾馆酒店、楼堂馆所、水族店、海洋馆等的大量配置，刺激了水族消费需求的高速增长。

2019年中国GDP进入人均万元……据中国国家统计局资料显示，2019年中国GDP总量990865亿元，是1978年3678.7亿元的269.3倍；城镇常住人口8.4843亿人，是1978年1.7245亿人的4.9倍；城镇居民人均可支配收入42359元，是1978年343.4元的123.3倍；2018城镇居民人均住房面积40.8平方米，是1978年6.7平方米的6倍[2]。据行业数据显示，世界水族业以每年10%以上的速度增长，全球有3亿多水族箱，5亿多消费者。欧美、日本等发达国家水族箱家庭普及率已超过20%，其中美国有1200万个家庭拥有水族箱。

水族业可分为三大板块，产值分布比例大约为：水族箱45%，观赏鱼39%，其它类如饲料、药剂、造景材料等16%。在国内，水族箱家庭拥有率不足5%，目前国内水族行业规模接近1000亿元，年增长率超过10%。国内外水族业市场产值与经济水平正相关，市场前景利好。

批注 [J17]：首先介绍企业外部的、宏观的和行业的背景。

图 1.1　水族行业产值分布比例图

资料来源：根据水族行业资料整理

批注 [J18]：图应居中，一般图名在图下居中，按章编号，第一章第一张图即为1.1或1-1，具体格式按照学校论文规范编辑。

批注 [J19]：图表如引用自其他文献，或根据其他文献整理制作，均应在图表下注明。

"深圳市RS实业有限公司"（文中简称"RS公司"）是一家拥有30年水族、花园、爬虫、宠物、机器人及智能电子类产品研发、生产与销售的国家级高

兰州大学硕士学位论文   作者：王胜利   RS 公司水族箱业务竞争战略研究

新技术企业，第一家工厂成立于 1989 年。RS 公司现有 6 个大型工厂，员工逾
2000 人，总占地面积超过 180, 000 平方米。至 2019 年 10 月，公司已经获得国
内外 375 项专利，大部分产品通过了 UL、GS、CE、VDE、KEMA、PSE、BEAB
及 SAA 等国际认证，产品行销世界 70 多个国家和地区[3]。

> 批注 [J20]：下面开始介绍企业
> 情况，即企业内部背景。

......

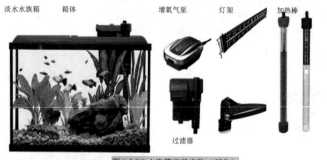

图 1-2 RS 公司发展历程图

资料来源：根据 RS 公司网站等资料整理

....

完整的水族箱产品包括箱体系统、过滤系统、增氧系统、温控系统（温控器、
加热器、制冷机等）、灯光系统等，主要材料有玻璃、塑料、橡胶、胶水、电机、
五金、环氧树脂、转子、滤材、电子原件、绝缘材料、包装材料等。

淡水水族箱   箱体   增氧气泵   灯架   加热棒

过滤器

图 1-3 RS 水族箱产品实物（部分）

资料来源：RS 公司网站资料

经过 30 年发展，深圳 RS 公司面临越来越复杂的挑战与问题。
在企业外部环境方面，"黑天鹅"与"灰犀牛"事件交织影响渐渐成为常态。

> 批注 [J21]：如论文涉及的产品
> 或业务有一定的专业特点，需进
> 行简要介绍，以便读者正确理解
> 论文内容，但注意字数和图表都
> 不要太多，达意即可，尽量简
> 练。

全球化进程中，贸易保护主义抬头……同时，近年来国内人口红利渐失；环保监管趋严；原材料成本与土地成本的上涨；市场竞争日益激烈，国内竞争对手如森森、博宇、海利、闽江水族、佳宝、老渔匠等使竞争格局多元化。

　　在企业内部环境方面，公司水族箱业务竞争战略不够清晰。研发战略方面，产品创新不足，产品同质化严重，产品智能化水平滞后；营销战略方面，海外市场比重过大，过渡依赖美国市场，国内市场开发利用严重不足，仅占RS总产值的10%，主要采用B2B的营销模式，终端战略欠缺；人力资源战略方面，核心与骨干员工绩效考核体系、薪酬体系、职业生涯规划等方面与国际化大环境不够匹配；品牌战略模糊；生产战略方面，生产自动化与智能化水平有待于提升。

　　多重因素叠加使企业利润空间渐小，在此背景下，如何使RS公司水族箱业务继续保持行业龙头地位，成为公司必须面对的重要研究课题。

1.1.2 研究意义

　　本论文研究的实践意义在于：

　　1.对RS公司水族箱业务竞争战略的制定与实施具有实践指导意义

　　论文是以RS公司为研究对象，以RS公司水族箱业务竞争战略研究为主题，基于"黑天鹅"事件频发、尤其中美贸易摩擦导致关税大幅增加、国内人口红利渐失、环保监管趋严、原材料与土地成本上涨、市场竞争日益激烈、产品同质化严重、公司业务竞争战略不够清晰的背景下，通过对RS公司水族箱业务所处的宏观环境、中观环境、微观环境进行了充分的分析，将对美国出口为主的水族企业作为主要竞争者，围绕如何提升RS公司水族箱业务在国内外市场中的竞争力这一现实问题，运用EFE矩阵、IFE矩阵、SWOT矩阵进行战略设计，运用QSPM矩阵进行战略优选，然后提出战略实施与控制措施。论文的研究对实现RS公司水族箱业务的健康稳定、可持续发展有重要的实践意义。

　　2.对同类型水族及出口企业有实践借鉴意义

　　RS公司水族箱业务所面临的竞争战略问题在同类企业具有一定代表性，所以，本文对于同类型的企业在竞争战略的制定与实施方面具现实的借鉴价值。

1.2 研究方法与工具

1.2.1 研究方法

　　1.文献研究法

　　论文通过搜集、整理、选用与水族箱业务相关的文献及战略管理方面的文献，

批注 [J22]：通过对外部、内部背景的介绍，引出本文的核心研究问题。

批注 [J23]：专业学位论文不强调理论意义或创新意义，只强调实践意义。

批注 [J24]：专业学位论文研究最重要的意义就是运用相关理论、工具和方法解决了企业目前面临的重要管理问题。

批注 [J25]：一般而言，专业学位论文的研究会对同类企业有所借鉴，本意义也存在。

批注 [J26]：介绍论文研究所采用的研究方法和研究工具，一般应先介绍方法，再介绍工具。

批注 [J27]：从"第一章"、"1.2"到"1.2.1"再到"1."，已经是第四个层次了，要明确不同层次间的逻辑关系，要注意标号的规范和统一。

全面正确了解研究问题。本文在写作中通过中国知网、百度学术、相关智库、国家统计局网站、相关行业及公司网站、图书馆、书店及公司数据库等查询大量战略管理理论、竞争战略理论、产品生命周期理论、水族箱业务等方面的专著、期刊、论文、书籍等文献资料，经过整理、学习和研究，梳理、总结、借鉴前人的研究成果，为 RS 公司水族箱业务竞争战略研究提供了强大的理论与数据支撑。

> **批注 [J28]：** 简要介绍论文采用的每一种研究方法，尤其要说明在本文的研究中如何运用该方法，解决了什么问题。

2.问卷调查法

在论文"3.2.2 水族箱业务竞争态势 CPM 分析""5.2.1 外部因素评价矩阵（EFE 矩阵）""5.2.2 内部因素评价矩阵（IFE 矩阵）""5.3.1 QSPM 矩阵"中，通过设计问卷调查表，采用专家问卷调查法进行研究。在"3.2.3 水族箱业务市场与顾客分析"部分，对终端消费者调查时，也采用了问卷调查法。

…………

1.2.2 研究工具

1.PEST 分析法

PEST 是宏观环境的分析的重要工具。在掌握相关信息、数据的基础上，从 Political、Economical、Sociocultural、Technological 即政治、经济、社会文化、科学技术四个环境因素，对 RS 的外部宏观战略环境进行分析，确定外部机会与威胁，确定进行战略制定的宏观环境依据。

> **批注 [J29]：** 简要介绍论文采用的主要研究工具，要说明在本文的研究中如何运用该工具，解决了什么问题。

2.CPM 矩阵（Competitive Profile Matrix）

竞争态势矩阵是外部环境分析的辅助工具。该工具主要对企业竞争者的优势与劣势进行量化分析，为战略制定提供数据支撑。

…………

> **批注 [J30]：** 各种矩阵都属于工具而不是方法，应该在"研究工具"部分介绍。

1.3 研究内容与思路

1.3.1 研究内容

本论文以深圳 RS 公司水族箱业务竞争战略为研究主题，分七部分论述。

第一部分：绪论。介绍论文研究背景与意义、研究工具与方法、研究内容与思路，引出研究主题及研究技术路线图。

第二部分：相关理论与文献综述。对 RS 公司水族箱业务竞争战略研究的主要理论基础及水族箱业务竞争战略研究的相关国内外文献进行概述。

…………

1.3.2 研究思路

论文采用了"提出问题"、"分析问题"、"解决问题"的研究思路。主要逻辑为：第一部分绪论中"提出问题"；第二部分相关理论与文献综述中分析"理论

> **批注 [J31]：** 研究内容是对论文题目的分解，要讲清楚为解决论文题目提出的大问题，拟为解决哪些小问题，或从哪些方面来研究这个大问题。可以按照"提出问题-分析问题-解决问题"的逻辑来阐述，也可按照论文的框架分章介绍。研究思路是研究以上小问题的顺序，体现了"提出问题-分析问题-解决问题"的逻辑，应在研究内容之后介绍，辅以流程图表达。

> **批注 [J32]：** 这是按照各章内容进行的介绍。

基础"；第三部分外部环境分析、第四部分内部环境分析为"战略分析"；第五部分战略制定与选择为"战略设计"；第六部分战略实施与控制为"战略落地"；第七部分结论与展望进行全文总结。

　　论文研究思路请参阅技术路线图（见下页）。

> 批注 [J33]：介绍论文的研究思路。
>
> 必须先有文字再画图，不能只有一张流程图。
>
> 图表是服务于文字阐述、为文字论述提供数据支持的，所以，在任何一个小标题下面都不能只有图表，在图表前面一定要有文字，文字表述的内容和图表内容必须对应。

兰州大学硕士学位论文 作者：王胜利   RS 公司水族箱业务竞争战略研究

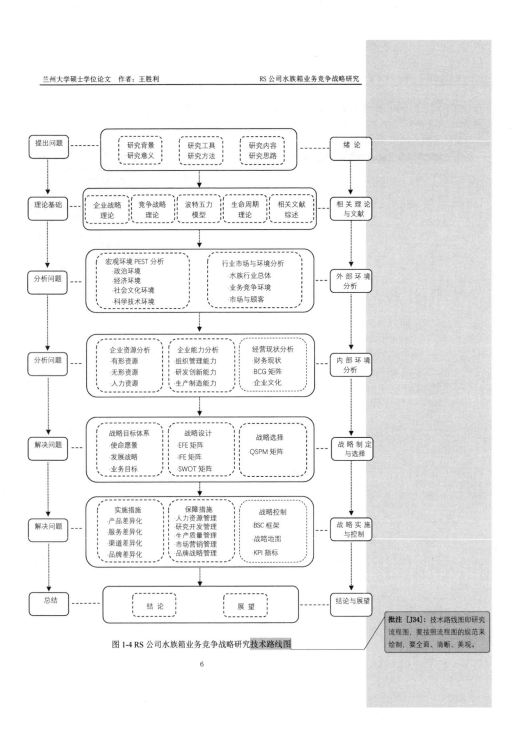

图 1-4 RS 公司水族箱业务竞争战略研究技术路线图

6

批注 [J34]：技术路线图即研究
流程图，要按照流程图的规范来
绘制，要全面、清晰、美观。

第二章　相关理论与文献综述

> 批注 [J35]：介绍论文运用的相关理论，对与论文研究相关领域的文献进行综述介绍，字数不宜太多。

　　本章对 RS 公司水族箱业务竞争战略研究的理论基础即企业战略管理理论、竞争战略理论、波特五力模型、产品生命周期理论等相关理论进行介绍，并对相关文献进行综述。

> 批注 [J36]：在章标题与下级标题之间，用一段文字介绍本章内容，承上启下。

2.1 企业战略管理理论

2.1.1 企业战略与企业战略管理的定义

> 批注 [J37]：明确定义论文使用的核心术语。

　　"战略"一词源于军事，泛指战争作战的谋略。中国春秋时代孙武的《孙子兵法》、三国时期诸葛亮的《隆中对》、抗战时毛泽东的《论持久战》及西方约米尼的《战争艺术》、利德尔·哈特的《战略论》、冯·克劳塞维茨的《战争论》都是中外军事史上的经典之作。后来"战略"逐渐应用于政治、经济、社会、文化等诸多领域，出现了"企业战略"的概念与定义。

表 2-1 企业战略的定义

> 批注 [J38]：以表格形式进行文献内容的梳理，非常清晰简洁。

时期	代表人物	企业战略定义
20 世纪 70 年代	美国哈佛商学院教授安德鲁斯（K. Andrews）	企业战略是一种决策模式，它决定企业的目的与目标，提出实现目的的重大方针与计划。
	美国达梯莱斯学院教授奎因（K. B. Quinn）	企业战略是一种模式或计划，将组织的目的、政策与活动按照顺序结合成一个紧密的整体。
	美国战略管理鼻祖安索夫（Igor Ansoff）	企业战略是关于企业经营性质的决策，总体战略决定业务，经营战略决定方式和方法。
	加拿大麦吉尔大学教授明茨伯格（H. Mintzberg）	企业战略是一系列或整套的决策或行为模式，即战略 5P：计划、计策、模式、定位、观念。
20 世纪 80 至 90 年代	战略学者加里汉摩尔（Gary Hamel）	企业战略是一种意象，实质是突破与创新；战略是一种革命。
	美国哈佛商学院教授波特（Porter）	企业战略是一种选择，是公司为之奋斗的终点与公司为达到它们而寻求的途径的结合物。
	兰培尔（J. Lampel）	企业战略是一个过程。
目前	兰州大学管理学院教授贾旭东	企业战略是企业未来生存发展的长期目标以及实现该目标的途径和手段的总和。

资料来源：根据贾旭东《现代企业战略管理》整理　清华大学出版社 2018 年
…………

> 批注 [J39]：表后注明资料来源。要提供完整的文献信息，确保读者能够检索到。

2.1.2 企业战略管理理论概述

> 批注 [J40]：对论文所运用的主要理论进行简要介绍。

　　1.早期战略思想阶段
…………

兰州大学硕士学位论文　　作者：王胜利　　RS 公司水族箱业务竞争战略研究

2.古典战略理论阶段

⋯⋯⋯⋯

3.竞争战略理论阶段

⋯⋯⋯⋯

2.2 竞争战略理论

　　RS 公司水族箱业务竞争战略研究的主要理论依据为波特的竞争战略理论。波特认为一个企业在广阔市场上只能拥有两种基本竞争优势，即"低成本优势"与"差异化优势"；在特定的细分市场形成以成本领先为主或差异化为主的"集中化优势"；进而构成"成本领先战略""差异化战略""集中化战略"的三种通用竞争战略[9]。三种通用战略都有其战略利益和战略风险，企业需从自身实际审慎选择。

竞　争　优　势

		低成本优势	差异化优势
竞争区域	广阔市场	1.成本领先战略	2.差异化战略
	细分市场	3.1成本领先为主的集中化战略	3.2差异化为主的集中化战略

图 2-1 波特三大竞争战略

资料来源：根据迈克尔·波特《竞争战略》整理 陈丽芳译 中信出版社 2014 年

1.成本领先战略

⋯⋯⋯⋯⋯

2.差异化战略

⋯⋯⋯⋯⋯

3.集中化战略

⋯⋯⋯⋯⋯

2.3 波特五力模型

⋯⋯⋯⋯⋯

2.4 产品生命周期理论

批注 [J41]：本文研究主题是竞争战略，竞争战略理论是论文研究所运用的主要理论，所以要单独进行介绍。

批注 [J42]：论文采用的其他相关理论介绍。

批注 [J43]：对与论文研究相关的既有文献进行综述。

2.5 相关文献综述

战略源于军事，后来在政治、经济、文化、社会等诸多领域广泛应用，我国现存有500余部古代典籍中谈到战略问题。2019年10月16日在中国学术文献网络出版总库中，有关"战略"的文献2242781条。其中有关"战略管理"的文献40143条，"战略管理理论"的文献7129条，"竞争战略"文献20152条，"竞争战略"硕士论文9624篇、博士论文656篇，"差异化战略"文献767条。企业战略管理理论，从早期战略思想阶段、古典战略理论阶段发展到竞争战略理论阶段，理论体系愈体现出丰富性、系统性、多元性、动态性。

21世纪以来，形成了以虚拟企业理论、顾客价值中心理论、战略联盟理论、商业生态系统理论等为代表的企业战略管理前沿理论。2019年11月12日在中国知网中检索到5738条"虚拟企业"、9041条"顾客价值"的研究文献。兰州大学贾旭东教授认为虚拟企业是21世纪的主流企业模式。1998年泽瑟摩尔提出了顾客价值中心理论，认为顾客价值基于顾客的主观判断，即顾客感觉"值不值"的问题。2005年W·钱·金等的《蓝海战略》提出了顾客价值分析图工具[50]。2005年简·霍普兰德（J.Hepland）和杰·奈格尔（R.Nigel）提出战略联盟概念。1996年，剑桥战略咨询公司董事长詹姆斯·穆尔在《新竞争生态学》一书中提出了"商业生态系统"概念。2013年，陈威如与余卓轩在《平台战略》一书中，分析了腾讯、阿里等企业打造的成熟商业生态系统，以平台为中心，由广告商、用户、内容提供者三方组成商业生态平台，颠覆了"羊毛出在羊身上"的传统商业模式[46]。

本文的主要理论基础为企业战略管理理论、竞争战略理论、波特五力模型、生命周期理论等相关理论，在论文第五、六章中运用了相关的企业管理前沿理论。

批注 [J44]：按照论文格式规范进行引用标注。

批注 [J45]：理论与文献综述不是理论和文献的堆砌，是对相关理论文献的介绍，所以一定要说明，这些理论在论文中如何使用，论文用这些理论来解决什么问题。

第三章 RS 公司水族箱业务外部环境分析

> 批注［J46］：分析企业外部的战略环境。

本章 3.1 运用 PEST 工具，从政治环境（Political）、经济环境（Economical）、社会文化环境（Sociocultural）、科技环境（Technological）四个角度，对 RS 公司的宏观战略环境进行分析；3.2 从水族行业总体形势、水族箱业务竞争环境、水族箱业务市场与顾客三个维度对水族箱业务的中观环境进行分析；进而对外部机会与威胁进行量化处理，为战略制定提供依据。

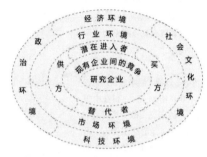

图 3-1 外部环境分析示意图

资料来源：根据蓝海林《企业战略管理》整理 中国人民大学出版社 2015 年

3.1 宏观环境分析

3.1.1 政治环境分析

1.2019 年减税降费 2 万亿元政策，全年为 RS 公司减税降费 500 万元以上

> 批注［J47］：小标题即为主要分析结论，简洁清晰。

2019 年 3 月 5 日李克强总理《政府工作报告》中宣布深化增值税改革，将 16%的制造业等行业税率降至 13%，将 10%的交通运输业、建筑业等行业税率降至 9%，6%一档的税率保持不变[17]。《财政部 税务总局 海关总署关于深化增值税改革有关政策的公告》（财政部 税务总局 海关总署公告 2019 年第 39 号）已具体执行落地。

> 批注［J48］：给出数据资料，支持分析结论。

…………

2.“一带一路”的国家战略有利于扩大 RS 公司水族箱业务的国际市场

…………

3.“中国制造 2025”等国家战略为 RS 公司向“智造”升级带来巨大机遇

…………

4.中美贸易战对 RS 公司的利润率带来负面影响

…………

表 3-1　美国对中国输美商品加征关税部分时间表

时　　间	对中国输美商品加税阶段性事件[4]
2018 年 7 月 6 日	对 340 亿美元中国商品加征 25%关税生效，中国对等加税
2018 年 8 月 23 日	对 160 亿美元中国商品加征 25%关税生效，中国对等加税
2018 年 9 月 24 日	对 2000 亿美元中国商品加征 10%的关税生效
2019 年 5 月 9 日	刘鹤抵达华盛顿同美方进行第十一次中美经贸高级别会谈
2019 年 5 月 9 日	对 2500 亿美元中国商品加征 25%的关税生效
2019 年 5 月 15 日	美国将华为列入实体清单，限制购买美国商品
2019 年 9 月 1 日	3000 亿美元第一批 1400 亿美元加征关税 15%升效
2019 年 12 月 13 日	中美达成第一阶段经贸协议，美取消对剩余 1600 亿美元商品加征关

资料来源：根据国际金融与经济研究中心资料整理 http://cifer.pbcsf.tsinghua.edu.cn/2019-12

> 批注 [J49]：以表格形式进行事件、政策等的梳理，非常简洁清晰，此类内容应尽量以表格形式呈现，切忌大段文字阐述。

…………

3.1.2　经济环境分析

1.中国经济 40 年的中高速增长带来水族业的快速发展

经过中国 40 年的改革开放，中国居民可支配收入提高，城镇居民住房条件改善，带动了水族行业快速发展，给公司水族箱业务的发展带来有利的机会。2018 年中国 GDP 900309 亿元，比上年增长 6.6%，全年中国居民人均可支配收入 28228 元，比上年实际增长 6.5%。2018 年，城镇居民人均住房建筑面积 39 平方米，比 1978 年增加 32.3 平方米；农村居民人均 47.3 平方米，比 1978 年增加 39.2 平方米；中国居民人均住房建筑面积 2018 年是 1978 的 5.8 倍[2]。

图 3-3　五年中国居民可支配收入及其增长速度

> 批注 [J50]：以统计图方式呈现各种数据，以支持文中的分析，这是战略环境分析的主要内容和呈现形式。

资料来源：根据国家统计局 http://data.stats.gov.cn/2019-10-10 整理

…………

2.经济发展方式的转变对 RS 公司战略适应性转型带来冲击

…………

3.1.3 社会文化环境分析

本节从人口因素、社会流动性、消费心理、生活方式变化方面进行分析。

1.中国人口老龄化加速了劳动力市场招工难的问题

…………

据国家统计局数据显示，中国农民工人数总数量，2019 年出现增长停滞。农民工人数 2016 年超过 2.8 亿人，2018 年为 2.88 亿人，约占总人口的 21%，2018 年比 2017 年仅增加 180 万人左右，增速为 1%以下，创下 10 年以来的历史新低 [2]。

随着收入差距缩小等原因，至 2017 年，外出农民工省内就业比重超过省外就业比重 10 个百分点以上。

人口老龄化的加剧，外出农民工增长数量的停滞，加速了公司用工困难现象，突出表现为普通一线员工忠诚度欠佳、流失率偏高、招工困难等。

批注 [J51]：环境分析每一部分的最后，都要说清楚以上所展示的数据说明这方面的环境变化给企业带来了什么机会或威胁，如果没有这段话，读者就不清楚前面分析的作用和意义何在，就变成了堆砌数据凑字数。

2.水族产品消费需求的增长为高端水族箱带来增长空间

…………

3.1.4 科技环境分析

…………

3.2 水族箱业务行业与市场环境分析

3.2.1 水族行业总体形势分析

水族行业有完整的生态圈，包括观赏鱼、水族箱、造景、养殖、育苗、食料、鱼药等市场；水族箱包括箱体系统、增氧系统、过滤系统、灯光系统、温控系统等部分。水族产品属于健康休闲的精神消费品，水族业属于新兴产业，水族箱业务市场发展前景利好。

批注 [J52]：行业与市场环境分析不能只用五力模型，必须对行业总体情况、市场与消费者情况等各方面进行分析。五力模型仅仅用于分析行业竞争结构，不能涵盖行业分析的全部。

…………

3.2.2 水族箱业务竞争环境分析

本节根据迈克尔·波特"五力模型"对水族箱业务所处中观行业竞争环境进行分析。五种基本的竞争力量，即潜在进入者的威胁、替代品的威胁、买方议价能力、供应商议价能力和现有企业间的竞争，五种力量的状况及其强度决定行业

批注 [J53]：运用波特五力模型进行行业竞争环境分析是行业与市场环境分析必不可少的内容。

兰州大学硕士学位论文 作者：王胜利 　　　　　　　　　　RS 公司水族箱业务竞争战略研究

的竞争激烈程度与获利能力[[9]]。"五力模型"为分析 RS 公司水族箱业务在行业中所处的优势与劣势，为制定水族箱业务的竞争战略提供行业环境分析的依据。

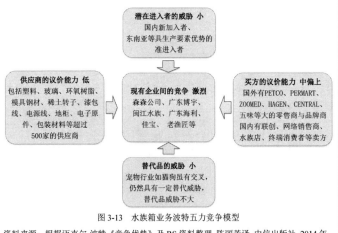

图 3-13　水族箱业务波特五力竞争模型

资料来源：根据迈克尔·波特《竞争优势》及 RS 资料整理 陈丽芳译 中信出版社 2014 年

1.供应商的议价能力中度偏小

> 批注 [J54]：小标题直接给出对这方面竞争力的分析结论，下面给出分析过程和论据，非常清晰。

至 2020 年 1 月，RS 公司有超过 500 家供应商，主要为塑胶原料、玻璃半成品、密封防水用环氧树脂、制造模具用钢材、水泵用稀土转子、漆包线（铜线）、电源线、地柜、电子元件、包装材料、注塑机设备等方面的供应商。提供原材料、半成品、设备的企业数量多，行业竞争充分，市场价格相对透明，基本不存在行业垄断现象，供应商的议价能力中等偏小，对供应商的一般账期 60 天至 180 天，平均付款账期 120 天左右，深圳 RS 公司具备较强的议价能力。RS 公司水族箱产品 90% 以上出口，主要出口到美国、欧洲、及日本等地，距离深圳盐田港 12.5 公里，海运企业竞争充分，与海运公司长期合作，议价能力适中。

…………

2.潜在进入者的威胁小

…………

3.现有企业间的竞争激烈

水族行业属新兴产业，按照生命周期理论，水族箱业务尚处于成长期，市场份额持续增大。水族箱各相关子产品体现不同的产品生命周期，而智能水族箱尚处于导入期。然而国内水族箱市场经过 30 多年的发展竞争趋于激烈，目前主要有森森公司、广东博宇、广东海利、佳宝、闽江水族、智拓水族、老渔匠等几家竞争激烈的水族企业。

森森公司始创于 1985 年 11 月，是一家集科研、制造、销售、服务于一体的民营科技企业，主要生产水族箱、渔具设备、工业泵、水族器材等 13 个系列、90 多个品种、530 多种规格的产品，具有品种多、规格全、使用范围广、规模化生产与自主知识产权程度高等优点。公司现辖 6 个分厂和 7 家控股企业，拥有六大销售分公司和 17 个办事处，产品畅销国内及国外 50 多个国家和地区[28]。森森在智能鱼缸开发设计及规模化生产方面具备创新优势，构建了完善的销售网络体系，在全国拥有上千家统一装修的森森水族专卖店，着力打造"森森"的品牌形象，2018 年销售额约 5 亿人民币。

…………

水族箱行业现有竞争者的竞争程度可以通过构建 CPM 矩阵[5]体现出来。关键因素提炼基于水族箱行业研究报告，主要竞争对手的 CPM 构建，采用的是专家问卷调查法，请参阅附件 A 的 CPM 矩阵专家问卷调查表。

> 批注 [J55]：分别用一段话对主要竞争者的情况进行简要介绍。

> 批注 [J56]：表格中列出的比较因素要有依据，量化评分要采用专家问卷调查法，以减少个人评分的主观影响。

> 批注 [J57]：竞争对手分析一定要用 CPM 矩阵，这是竞争者分析的专业工具。

表 3-3　国内水族箱业务竞争对手竞争态势分析（CPM）矩阵

关键因素	权重	RS		森森		博宇		海利	
		评分	加权	评分	加权	评分	加权	评分	加权
产品质量	0.15	4	0.6	3	0.45	3	0.45	3	0.45
品牌美誉度	0.1	2	0.2	3	0.3	2	0.2	2	0.2
财务状况	0.15	4	0.6	3	0.45	3	0.45	3	0.45
管理	0.1	4	0.4	4	0.4	3	0.3	3	0.3
价格竞争力	0.05	3	0.15	3	0.15	3	0.15	3	0.15
客户忠诚度	0.1	3	0.3	3	0.3	3	0.3	3	0.3
销售与服务	0.1	3	0.3	4	0.4	4	0.4	3	0.3
研发与技术	0.1	3	0.3	4	0.4	3	0.3	3	0.3
市场份额	0.05	2	0.1	3	0.15	3	0.15	2	0.1
合计	1		2.85		3		2.6		2.55

资料来源：根据专家问卷调查整理 2019 年 10 月

各厂商 CPM 矩阵得分为：森森 3 分，RS2.85 分，博宇 2.6 分，海利 2.55 分。可以看出森森在管理、销售、研发与技术方面具备优势，博宇在销售方面具有优势，RS 在产品质量与服务、财务状况、管理方面具备优势，同时在品牌及国内市场份额方面需要补短板，另外在销售、研发与技术等方面有提升空间。通过上

兰州大学硕士学位论文　作者：王胜利　　　　　　　　　　RS 公司水族箱业务竞争战略研究

表看出，**RS 与森森间竞争力总体上比较接近，博宇与海利实力较为接近。**

> 批注 [J58]：定量分析后，一定要给出定性的分析结论，对定量分析的结果进行解读。

4.买方的议价能力适中

·············

5.替代品的威胁小

·············

3.2.3 水族箱业务市场与顾客分析

> 批注 [J59]：对任何一种业务或产品来说，市场和顾客分析都必不可少，而且至关重要，如果缺失这一部分，业务战略或竞争战略都是无法制定的。

　　水族业的水族箱、观赏鱼、其它类（饲料、药剂、造景材料、养殖、育苗）三块业务是一个完整的商业生态圈，共生共存，互惠互利，协同发展。近 20 年来，水族箱行业与水族业正相关同步增长。

图 3-16　2014-2018 年中国水族箱业务销售规模及增速

资料来源：根据千讯咨询行业报告整理 2019 年 10 月

　　从图 3-16 显示，2014 年至 2018 年中国水族箱行业销售增长速度 12.5%，行业规模 2018 年为 305 亿。从过去 10 年增长变动来看，整体呈线性增长趋势，据专家预测 2023 年中国水族箱业务市场规模将达到 452 亿左右[24]。

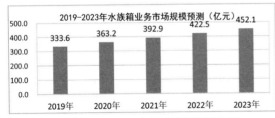

图 3-17　2019-2023 年水族箱业务市场规模预测

资料来源：据千讯咨询行业报告整理 2019 年 10 月

·············

　　终端消费者收入及学历层次占比，参阅图 3-19······另一类为专业爱好者及专业从业人员，消费人群特点对价格不敏感，对水族箱的技术含量及新产品的款式有很高的热度。中低端水族箱消费人群主要为普通兴趣者、普通消费者、初始使用者，这类人群是对价格比较敏感，主要使用中型水族箱，对功能、款式及技术含量要求不高。从销售统计数据显示，18 岁以上的青少年为小型水族箱的主要消费人群。

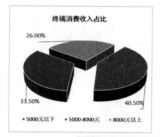

图 3-19   水族箱产品终端消费者收入及学历层次占比

资料来源：根据深圳吉祥水族店 240 份问卷调查整理 2019 年 10 月

批注 [J60]：要善用图表和数据进行分析。

批注 [J61]：问卷调查的结果要用各种统计图呈现出来。

第四章 RS公司水族箱业务内部环境分析

> 批注 [J62]：对企业内部的战略环境进行分析。

第四章 4.1从有形资源、无形资源、人力资源三方面对RS公司企业资源进行研究，4.2从组织管理能力、研发创新能力、生产制造能力三方面对企业能力进行研究，4.3从财务现状、产品现状、企业文化三方面对企业经营现状进行研究，从公司微观环境角度分析战略制定中企业内部的优势与劣势。

4.1 RS公司企业资源分析

> 批注 [J63]：分析"我有什么"。

4.1.1 有形资源

RS公司的有形资源主要包括公司的实物资源和财务资源，即公司物质资产和财务资产。实物资源主要包括厂房、公寓楼、土地、模具、设备等固定资产。

1.实物资源

（1）厂房、公寓楼、土地

RS公司六个大型工厂总占地面积超过180,000平方米。其中深圳RS公司2003年建成投产，占地面积40000平方米，建筑面积33000平方米，被深圳市授予"园林式 花园式"工厂称号。

图4-1　深圳RS公司在龙岗区的地理位置图

图4-2　2003年建成投产的深圳RS公司园林式工厂

资料来源：RS公司网站资料

....

（2）机器、设备、实验检测仪器

17

　　至 2019 年 12 月，深圳 RS 公司共计 6000 多种机器、设备、实验检测仪器，配备了完备的水族箱之箱体、水泵、气泵、过滤器产品、花池和宠物用品、智能机器人、智能传感器等 40 条生产线，与水族箱业务具相关性、配套性及协同性，具备一定的自动化程度，具备一定的行业竞争力。

图 4-3　99 台多品牌多型号 55T 至 850T 精密注塑机

图 4-4　40 条具协同效应的专业化生产线

资料来源：RS 公司网站资料

　　RS 公司有 55T 到 850T 的日缸、海天、震雄等多品牌多型号自动及半自动精密注塑机 99 台，半自动化机械手 40 台，注塑设备资产现值约 2000 万。

　　2.财务资源

　　公司财务资源主要指企业的四种财务活动情况，即筹资活动、投资活动、用资活动、分配活动的状况。筹资活动决定了企业的资本结构，即债权人与权益人之间的负债结构与股权结构，反映了企业在不同的发展阶段所采用的财务杠杆倍数[34]。通常行业惯例，水族制造业资产负债率 50%左右。RS 公司 2014 至 2018 年近五年的资产负债率在 50%至 55%间，总体呈下降趋势，资本结构相对合理。投资活动决定了资产的规模和资产结构，RS 公司重在"制造"。用资活动即经营活动，决定了企业的经营能力和管理能力。资产周转率愈高，运营能力愈来强，资产质量愈好，RS 公司近五年资产周转率平均为 1.6，资产质量行业适中，运行平稳。分配活动即企业的利润分配活动，反映了公司的治理结构，体现了利益相关方即股东、债权人、政府、供应商、员工、客户、企业的利益，是博弈、妥协，直到利益均衡的全过程，RS 的分配活动基本平衡了各相关方面的利益。

批注［J64］：论文中展示企业生产现场之类的图片要适度，能使读者了解企业情况即可，避免有堆砌感。

表 4-1　深圳 RS 水族箱业务 2014-2018 年基本财务数据　　　资金单位：万元

财务项目	2014 年	2015 年	2016 年	2017 年	2018 年
资产总额	25286.74	27017.75	29596.1	32325.75	35044.21
销售总额	38697.06	40161.63	41995.5	54593.15	62782.12
纳税总额	323.2	340.45	750.3	982.49	1255.64
所有者权益合计	11435.33	12113.55	14066.80	15796.45	17514.90
利润总额	856.63	1897.89	2303.1	4367.45	4394.74
净利润	725.66	1612.78	1957.5	2729.65	2718.46
负债总额	13851.41	14904.19	15529.30	16529.30	17529.31
净利润率	1.88%	4.02%	4.66%	5.00%	4.33%
总资产周转率	1.53	1.49	1.42	1.69	1.79
权益乘数	2.21	2.23	2.10	2.05	2.00
资产负债率	54.78%	55.16%	52.47%	51.13%	50.02%
资产报酬率	3.39%	7.02%	7.78%	13.51%	12.54%
净资产收益率	6.35%	13.31%	13.92%	17.28%	15.52%

> 批注 [J65]：如涉密，财务数据可进行适当处理。

资料来源：根据天眼查官方网站等资料整理

通过对深圳 RS 公司 2014 至 2018 年基本财务数据进行财务分析，确认战略制定的中期及长期财务优势及劣势，是分析制定实施竞争战略的财务基础。

4.1.2 无形资源

RS 公司的无形资源[32]指企业没有实物形态的、长期积累的、难以用货币精确计量的资源，通常包括品牌、商誉、技术、专利、信息、专业知识、标准、系统、员工忠诚度、企业文化等，无形资源是一种隐性资源，难以被竞争对手掌握、模仿或取代，是公司核心竞争力的来源，是公司可持续竞争发展的基础。

……………

4.1.3.人力资源

人力资源是公司的核心资源，它决定着企业战略的实施与战略目标的实现，是企业经营管理中的关键因素。本节主要从管理与技术人员比例、员工满意度调查、服务年限、年龄几个维度进行人力资源分析。

1.管理人员与技术人员比例

2019 年 10 月深圳 RS 公司现有员工 1226 名员工，图 4-7 数据显示如下：

一级二级员工为普通工人及初级文员级员工，总人数 771 人，占比 62.9%，大部分为系非技术员工，对技术及经验要求不高；其中包括小部分特岗人员，具备一定的技术熟练程度。人员流动率偏大，市场招聘可以快速到位，人力资源竞争力不大。

…………

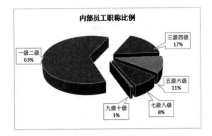

图 4-7　RS 公司员工内部职称比例

批注 [J66]：用统计图呈现人力资源数据，非常清晰。

资料来源：根据相关资料整理 2019 年 10 月

2.员工满意度

…………

3.服务年限、年龄与技术积累

…………

综上，RS 公司具备相对竞争力的人力资源优势。其中管理与技术人员 455 人占比 37.1%，是最有价值的人力资源；62.9% 为技术含量较低的普通员工，是需要进行职业化提升的员工。服务年限 1 年以上员工 763 人占比 62.2%，是公司中坚力量。其中工程研发与销售人员 102 人占比 8.3%，是公司产品订单之源，是研发与创新的主力军。员工满意度在逐年递增，2018 年为 88%，但仍有较大的提升空间。员工平均年龄为 36 岁，结构相对合理。

批注 [J67]：每一部分的最后，都要对这部分的分析进行总结。

4.2 RS 公司企业能力分析

批注 [J68]：分析"我能做什么"。

本节主要对深圳 RS 公司的组织管理能力、研发技术能力、生产制造能力进行分析，对 RS 公司的核心能力进行研究，从而系统分析深圳 RS 公司的内部优势与劣势，系统分析公司的核心竞争力，为 RS 公司水族箱业务竞争战略的选择与实施奠定基础。

4.2.1 组织管理能力

RS 公司的组织管理能力在发展中不断成长与进步，组织架构也在发展中不断变化与调整。公司经过三十年发展，规模越来越大。工厂布局从饶平、深圳、广州、到惠州、到海外，地域体现层级性与互补性；产品线从水族、花园、宠物、到机器人、智能传感器，产品体系体现相关多元化与高端化；销售从亚洲、到欧洲、北美、澳洲，到遍布全球 70 多个国家和地区，市场体现广阔化与国际化，体现出公司逐渐成熟与稳定的组织管理能力。

…………

4.2.2 研发创新能力

8.3%的研发创新队伍、6 项国家水族箱标准、2772 项内部技术标准、375 项国家专利、5 年 629 项新产品成功研发上市，彰显出深圳 RS 公司在水族箱产品的研发创新能力方面具备较强大的行业优势。

4.2.3 生产制造能力

1.年模具制造能力 300 套以上

…………

2.水族箱体年制造能力 90 万台以上

…………

3.水泵与过滤器年生产能力 500 万台以上

…………

4.气泵年生产能力 880 万台以上

…………

5.年 3902 个 20 尺标准柜的出柜能力

…………

6.生产自动化能力

…………

7.产品质量

终端客户投诉方面的产品质量现状。图 4-24 显示，2014 至 2018 年消费终端客户投诉次数分别为 145 次、95 次、61 次、49 次、21 次，2019 年计 12 次，六年基本呈线性下降趋势，体现出较强的产品质量管控实力，具明显质量竞争力。

8.产品组合

…………

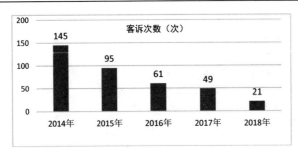

图 4-24   RS 公司 2014-2018 年客户投诉次数

资料来源：根据 RS 公司相关资料整理

批注 [J69]：企业的能力要用数据来证明！

4.3 RS 公司经营现状分析

批注 [J70]：分析"我正在干什么、现在怎么样"。

4.3.1 财务现状分析

1.主营业务收入

深圳 RS 公司自 2003 年建成投产后，水族箱业务产品即箱体、水泵、气泵、过滤器等为公司核心业务产品，收入总占比超过 90%。图 4-25 显示，其中 2014 至 2018 年水族箱业务占主营业务收入分别为 95%、93%、92.1%、90.8%、90%，五年平均 91.9%，是公司核心的主营业务收入，但占比总体呈下降趋势；花园池塘和宠物产品业务收入五年平均 5.6%，总体呈上升趋势。公司于 2015 年与 BMW 公司合作成立机器人事业部，生产并销售城市管道探测用智能机器人，并于 2016 年成立电子事业部与 ABZG 公司合作制造智能传感器等智能电子产品。智能机器人、智能传感器、智能电子类业务收入 2015 至 2018 年分别为 2%、2.5%、3%、3.6%，四年平均 2.4%，总体呈上升趋势。

图 4-25   RS 公司 2014-2018 年主营业务收入占比

批注 [J71]：用数据说话。

资料来源：根据 RS 公司相关资料整理

2．净资产收益率

…………

3．总资产周转率

…………

4．权益乘数

…………

5．资产负债率

…………

4.3.2　波士顿矩阵分析

波士顿矩阵（Boston Consulting Group Matrix）是美国波士顿咨询公司开发的一个产品组合或业务组合的分析工具，简称"BCG矩阵"[11]。本文用来分析深圳RS公司水族箱业务各细分产品的相对市场地位与市场吸引力，寻找水族箱产品的优势与劣势。横轴是"相对市场占有率"，表示该水族箱产品与市场上最大竞争对手市场占有率的比值；纵轴是"市场增长率"，代表该水族箱产品的销售增长率。"BCG矩阵"的四象限代表了水族箱业务不同类产品的不同战略地位。

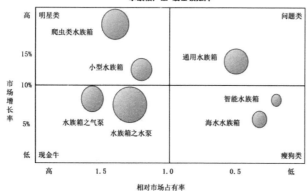

图4-30　深圳RS公司水族箱业务波士顿矩阵

资源来源：根据弗雷德•R.戴维　战略管理（第13版）整理制作　清华大学出版社2013年

…………

4.3.3　企业文化分析

23

批注〔J72〕： 该工具不可滥用。BCG矩阵一般用在制定总体战略时，用来对不同业务或产品进行定位，作为制定业务战略的依据。在制定业务战略时，如某业务中有多种产品，对各产品进行分析和定位时也可使用。如本文，但必须服从于论文的总体研究目的，并做出准确说明。否则，在写业务战略的论文中出现该工具，有可能使专家认为你把该工具用错了地方，那就成了"硬伤"。

批注〔J73〕： 这句话非常关键，解除了专家对是否用错了工具的质疑。

批注〔J74〕： 在企业内部环境分析中，企业文化分析必不可少，至关重要。写这部分内容切忌只展示和介绍企业文化的内容却不进行有效的分析，那就失去了写这部分的意义。

1.公司企业文化的内容

RS 公司的核心价值观是"爱国忠诚、团结进取、自信快乐、努力诚信、富有爱心、艰苦奋斗、开放合作、成就客户"……

…………

> 批注 [J75]：展示和介绍企业文化内容。

2.公司企业文化的建设

RS 公司多年来注重企业文化建设，注重企业伦理与企业责任的履行，注重利益相关方的关系处理与利益分配，在利益相关方中树立了良好的企业形象。注重品牌文化的建设与品牌核心价值的分析，注重品牌形象视觉系统设计。

…………

> 批注 [J76]：介绍企业文化建设情况。

3.公司企业文化的现状分析

通过对大量高层、中层、基层员工进行抽样问卷调查与访谈，对 RS 公司的企业文化现状进行了较为系统的分析研究。RS 公司基本提炼出了适合自身的核心价值观，其中"爱国忠诚 团结进取 自信快乐 富有爱心"认可度较高，并对 RS 公司历史发展起到了助推作用，提高了员工的积极性与忠诚度。

…………

尤其在思维模式与经营方式上，对战略转型存在较大挑战。RS 公司在 30 年的发展中，营销模式主要为经销商、大客户模式，在营销战略上为传统 B2B 模式，与新的战略变化即与 B2C、O2O 的相融合营销模式适应性有待调整，公司战略层面需要进行与 B2C、O2O 基因相适应的企业文化变革。

> 批注 [J77]：这是这部分的重点，前面展示企业文化内容和企业文化建设情况，都是为了支持对企业文化现状的分析，要分析出企业现在的文化和企业文化建设情况是否支持企业未来的战略和发展，为后面提出企业文化改进措施打下基础。

第五章　RS 公司水族箱业务竞争战略的制定与选择

批注 [J78]：制定战略方案，进行战略决策。

本章基于上文，对影响 RS 公司水族箱业务的关键外部因素、关键内部因素进行定量与定性分析：运用 EFE 矩阵对关键外部因素进行分析，量化外部机会与威胁；运用 IFE 矩阵对关键内部因素进行分析，量化内部优势与劣势；运用 SWOT 矩阵对 RS 公司面临的机会、威胁、优势、劣势进行组合，制定可以采取的备选战略；运用 QSPM 矩阵对备选竞争战略进行决策，选择最优水族箱业务竞争战略。

5.1RS 公司战略目标体系

批注 [J79]：在制定战略措施之前要先建立企业战略目标体系，制定战略措施是为了实现战略目标，所以提出战略目标一定在制定战略措施之前，这个逻辑顺序不能乱。

5.1.1 公司使命

深圳 RS 公司的企业使命：水族让人类生活更美好！

RS 公司是水族行业的领军企业。水族产品系健康休闲的精神消费品，公司利用高新技术，为客户提供专业化、高质量的水族器材产品与服务。公司以成就客户为经营理念，以奋斗者为本，以创新求发展，助员工自我实现，注重社会责任，与利益相关者共享财富，为缔造人类美好生活而努力奋斗！

批注 [J80]：用一句话来表达的企业使命是使命的简约版，用一段话来表达的是企业使命的完整版，很多企业只有简约版。那就要在下面写一段话，对使命表述的内涵进行解读。

5.1.2 公司愿景

深圳 RS 公司的企业愿景：水族器材行业的引领者。

RS 公司是国家水族箱标准制定企业，公司愿景是成为水族器材行业的引领者，在产销及品牌价值方面持续保持行业领军者地位。

批注 [J81]：企业愿景一般也用一句话或几句话来表达，下面也需要用一段话阐释其内涵。

5.1.3 公司目标

根据深圳 RS 公司使命、愿景，结合公司现状，制定公司的主要目标体系，见表 5-1。

批注 [J82]：这里的"目标"是狭义的，即根据企业的使命与愿景，以量化指标方式体现的企业各方面经营目标，是对企业使命和愿景的分解。

表 5-1　深圳 RS 公司主要业务目标

目标类别	2018 年目标现状	五年目标值
净资产收益率	15.50%	≥22%
资产周转率	1.79	2.3
主营收入占比	90%	90%
主营毛利率	25%	31%
应收账款周转率	13.3	21
存货周转率	9.4	13

兰州大学硕士学位论文　作者：王胜利　　　　　RS 公司水族箱业务竞争战略研究

速动比率	0.95	1.3
国内市场主营业务年增长率	10%	≥23%
客户投诉次数	21 次	≤6 次
客户满意度	90%	≥95%
员工满意度	88%	≥95%
成品质量抽检合格率	99.90%	≥99.96%
客人验货退货次数	3 批次	0 次
新产品销售增长率	10%	≥20%
生产自动化程度	19%	≥50%
40 尺柜交货时间（天）	45	25

数据来源：根据深圳 RS 公司五年规划资料整理

　　为实现上述主要战略业务目标，下文将针对深圳 RS 公司水族箱业务竞争战略进行分析研究，通过战略工具制定战略，然后进行战略优选。

图 5-1　深圳 RS 公司战略目标体系

数据来源：根据 RS 公司相关资料整理

5.1.4 发展战略

　　RS 公司总体战略为增长型战略。从发展途径上主要采用两种方式，一是内部发展，即新建工厂的方式。RS 公司现有饶平、广州、深圳、惠州等六个大型工厂，总占地面积超过 180,000 平方米，采用自我扩张的发展方式。另外一个途径是采用战略联盟及虚拟经营方式。2012 年开始成立赛富复兴及和谐盛世等多家投资控股公司，相互持股投资。RS 公司于 2015 年与 BMW 公司合作成立机器人事业部，生产并销售城市管道探测用智能机器人，并于 2016 年成立电子事业部，与 ABZG 合作制造智能传感器、智能识别器等智能电子产品，更多体现合资及功能性协议的联盟方式。

批注 [J83]: 不是每个公司的战略目标体系都按照这个模型建立，有的企业把愿景放在使命之前，也有企业只设定了使命或愿景，这一点没有标准答案，但使命和愿景在目标之上，根据使命和愿景制定具体经营目标基本没有分歧，具体根据企业实际情况来写即可。

批注 [J84]: 论文的研究主题是某业务的竞争战略，属于业务战略层面，业务战略是根据总体战略制定的，故而总体战略是制定业务战略的依据和指南，所以在制定业务战略之前必须首先对总体战略进行介绍，以明确下文进行竞争战略制定的前提和依据。

5.2 水族箱业务竞争战略的设计

以下在第三、四章对深圳 RS 公司水族箱业务外部环境及内部环境进行的分析的基础上，结合 5.1 的 RS 公司战略目标体系，对相关信息进行提炼、萃取、分析，然后进行信息输入和信息匹配，利用战略技术工具进行战略设计。

信息输入阶段运用的战略工具主要为外部因素评价矩阵（External Factor Evaluation Matrix）（EFE 矩阵）和内部因素评价矩阵 Internal Factor Evaluation Matrix）（IFE 矩阵）。

信息输入阶段的 EFE 矩阵及 IFE 矩阵，各分为五个主要步骤[5]。

批注 [J85]：对战略制定的主要工具及其过程进行简要介绍。

（1）萃取影响 RS 公司水族箱业务的 15 项关键外部因素，其中机会 9 项，威胁 6 项；15 项关键内部因素，其中优势 8 项，劣势 7 项。

（2）关键因素权重赋值，权重区间 0.0～1.0 之间，其中 0 分表示该因素不重要，1 分表示该因素非常重要，赋值规则如表 5-2。

（3）对关键因素从 1～4 分进行评分，基于德尔菲法，邀请十位专家进行权衡打分。

批注 [J86]：所有工具中的量化评分均建议采用专家调查法，以避免个人打分的主观偏差。

（4）计算加权分数，权重乘以评分即为加权分数。

（5）计算总加权分数，从而得到公司总加权分，其中最低分为 1.0 分，最高分为 4.0 分，平均总加权分数为 2.5 分，对 RS 公司水族箱业务外部的机会与威胁进行主观的量化分析，其中 2.5 分以上说明公司能有效的利用现有机会并能较为有效规避外部威胁。

（6）关键因素权重赋值及评分采用的是专家问卷调查法，参阅附录 B、C。

批注 [J87]：一般可将调查问卷作为附录，以不影响正文的连续性。

表 5-2 基于德尔菲法的关键因素权重赋值规则

关键内外部因素	定 义
1	一个和另外一个同等重要
3	一个比另外一个稍微重要
5	一个比另外一个明显重要
7	一个比另外一个强烈重要
9	一个比另外一个极端重要
2，4，6，8	位于上述相邻的中值
倒数	两两对比的另一方

5.2.1 外部因素评价矩阵（EFE 矩阵）

表 5-3 深圳 RS 公司水族箱业务外部因素评价矩阵（EFE 矩阵）

关键外部因素	权重	评分	加权分

兰州大学硕士学位论文   作者：王胜利   RS 公司水族箱业务竞争战略研究

机会（Opportunities）			
1. 国家 2019 年减税降费 2 万亿元政策，年度为 RS 公司降低税费超过 500 万元	0.09	4	0.36
2. 与 136 个国家 5 年超过 6 万亿美元贸易额的"一带一路"战略，为公司的国际化战略带来有益的机会	0.06	3	0.18
3. 力争 10 年至 2025 年迈入制造强国的"中国制造 2025"政策，为公司向中高端智造升级带来机遇	0.05	3	0.15
4. 中国城镇居民 2018 年可支配收入 39251 元，40 年增长 343 倍，可支配收入的增长带来水族业务的持续增长	0.06	3	0.18
5. 中国城镇居民 40 年增长 6 倍，城市化率由 1978 年 18%增至 2018 年的 59.6%，城市化进程加快，带来水族业务需求的增	0.06	3	0.18
6. 14 亿人口、4 亿中等收入群体，中国成为世界最大消费市场，2018 年中国零售消费 5.8 万亿美元，2019 水族业产值约千亿元	0.06	3	0.18
7. 人工智能、5G、云计算、大数据技术快速发展及与智能制造业的深度融合，预测未来三年智能家居市场复合增长率 21.4%	0.05	3	0.15
8. 电商 2018 年零售额 9 万亿元，增长率 23.9%，为公司销售模式由 B2B 向 B2C 与 O2O 的转变带来机会	0.04	2	0.08
9. 水族行业 2011-2018 年销售增长率年平均 17.7%，趋势利好	0.11	4	0.44
威胁（Threats）			
1. 中美贸易摩擦复杂多变，至 2019 年 5 月输美 2500 亿商品加税 25%，使对美国出口占实体产值总额 60%的 RS 公司利润率降低	0.10	2	0.20
2. 老年抚养比 16.8%，人口老龄化加剧、加速劳动力招工难的问题	0.06	2	0.12
3. 现有企业间的价格、质量、客户、市场竞争日益激烈	0.10	3	0.30
4. 人口红利渐失，环保监管趋严，生产要素成本不断上升，使 RS 公司低成本制造不再具有持续竞争优势	0.08	2	0.16
5. 世界经济将进入低速增长，出口导向必须转向内需扩大，对出口占 90%的 RS 公司销售市场转变带来巨大挑战	0.04	2	0.08
6. 进入东南亚等国家具备相对要素成本优势的企业为潜在竞争者	0.04	3	0.12
总计	1.00		2.88

批注 [J88]：机会、威胁的表达要准确，都是用一句简要的陈述句，表达出环境中的某些要素对企业带来了何种正向或负向的影响。

批注 [J89]：权重总分一定是 1 分。

批注 [J90]：得出总分后要进行分析。

数据源于专家问卷，通过 EFE 矩阵分析，影响深圳 RS 公司水族箱业务关键外部因素加权分数为 2.88 分，高于加权平均分数 2.5 分，说明 RS 公司水族箱业务能较好地规避威胁、合理利用外部机会。

5.2.2 内部因素评价矩阵（IFE 矩阵）

表 5-4 深圳 RS 公司水族箱业务内部因素评价矩阵（IFE 矩阵）

关键内部因素	权重	评分	加权分

批注 [J91]：优势、劣势的表达要准确，用一句简要的陈述句，表达出企业内部环境中的某些要素和竞争者相比较强或较弱。IFE 矩阵的评分中要特别注意，优势项的给分范围是 3-4 分，劣势项的给分范围是 1-2 分，常有将二者混淆的现象。

优势（Strengths）			
1. 公司六个大型工厂、超过100000平米的园林式厂房，6000多种配套成熟的现代化机器设备、实验检测仪器	0.08	4	0.32
2. 具备财务资源优势，5年平均净资产收益率13.74%，客户账期45-60天，供应商账期60-180天，现金流良好	0.11	4	0.44
3. 国家水族箱标准制企业，5230多种管理及技术标准，系统的组织管理能力及管理体系，有效的组织架构	0.09	3	0.27
4. 具备一定研发创新能力：375项专利，5年629种新产品上市，1000多种产品，产品组合有宽度有长度有深度，具协同效应	0.08	3	0.24
5. 生产制造能力强：2018年开新模363套，水族箱体90万，水泵513万，气泵880万，加热棒100万，标准柜3902个	0.06	4	0.24
6. 公司沉淀了占比为37.1%的具行业竞争价值的技术及管理人才	0.06	3	0.18
7. 质量管理具行业优势：2019年客诉12次，验货退货3批次	0.07	3	0.21
8. 具商誉、企业形象与文化、员工忠诚度等无形资源优势，600多套公司安居房解决了4级以上员工免费居住问题	0.05	3	0.15
劣势（Weaknesses）			
1. 销售过度依赖销售额60%美国市场，利润率降低，风险加大	0.07	2	0.14
2. 国内销售额不足5%，电商销售额不足1%	0.06	1	0.06
3. 产品同质化严重，差异化不足，智能水族箱产品开发滞后	0.07	2	0.14
4. 公司材料成本增加，人工成本占销售额的20%，是2007年5倍	0.06	1	0.06
5. 品牌战略模糊，RS水族国内品牌知名度及美誉度有待提高	0.05	2	0.10
6. 人力资源管理与国际化大环境不匹配	0.04	2	0.08
7. 生产自动化19%偏低，生产智能化基本欠缺	0.05	2	0.10
总计	1.00		2.73

　　数据源于专家问卷，通过IFE矩阵分析，影响深圳RS公司水族箱器材业务的关键内部因素加权分数为2.73分，高于加权平均分数2.5分，说明RS公司水族箱业务面临的优势大于劣势，说明公司水族箱业务具备一定的行业竞争优势。

5.2.3 水族箱业务竞争战略SWOT矩阵

　　SWOT矩阵（Strengths-Weaknesses-Opportunities-Threats Matrix）是信息匹配阶段运用的战略制定工具。即优势-劣势-机会-威胁矩阵，通过对机会、威胁、优势、劣势进行匹配，得到 RS 公司水族箱业务的四类备选战略：SO（优势机会）战略，WO（劣势机会）战略，ST（优势威胁）战略，WT（劣势威胁）战略。

表 5-5 深圳 RS 公司水族箱业务 SWOT 矩阵

	优势（Strengths）	
SWOT 要素	1.公司六个大型工厂、超过 100000 平米的园林式厂房，6000 多种配套成熟的现代化机器设备、实验检测仪器 2.具备财务资源优势，5 年平均净资产收益率 13.74%，平均客户账期 60 天，供应商账期 120 天，现金流良好 3.国家水族箱标准制企业，5230 种管理及技术标准系统的组织管理及运营能力，有效的组织架构 4.具备一定研发创新能力：375 项专利，5 年 629 种新产品上市，1000 多种产品，产品组合丰富，具协同效应 5.生产制造能力强：2018 年开新模 363 套，水族箱体 90 万，配套水泵 513 万，气泵 880 万标准柜 3902 个 6.公司沉淀了 37% 具行业竞争价值的技术及管理人才 7.质量管理具优势：2019 客诉 12 次，验货退货 3 次 8.具商誉、信息、企业文化、忠诚度等无形资源优 600 多套公司安居房解决了 4 级以上员工安居问题	
机会（Opportunities）	SO 战略	
1.2019 年减税降费 2 万亿元政策，降公司 500 万税费 2.5 年超过 6 万亿美元贸易额的"一带一路"战略，为公司国际化战略带来机会	1.全面加强质量管理，完善水族箱产品质量及技术标准，提高水族箱产品质量与美誉度，增强产品市场竞争力（S₃、S₆、S₇、O₈、O₉）	批注 [J92]：每一条战略措施都要具体，有针对性、有可操作性，力戒"正确的废话"。
3.至 2025 年迈入制造强国的"中国制造 2025"政策，为公司向中高端智造升级带来机遇	2.利用财务及管理优势，借助外部资源，实现销售模式由 B2B 向 B2C 与 O2O 的营销战略转型（S₂、S₃、S₈、O₇、O₈）	批注 [J93]：每一条战略方案后必须进行标注，表达清楚制定这条战略方案的依据。SO 战略则 S 在前 O 在后，顺序不可颠倒，数字下标。要注意格式规范，其他三类战略的格式要求依此类推。
4.居民可支配收入增速快，带来水族箱业务的增长 5.40 年城镇居民居住面积快速提高，城市化的加速，带来城镇水族箱业务需求的增长	3.抓住智能制造业高速增长趋势，采用战略联盟方式，融合公司的 JIT 精益生产方式，实现水族箱智能制造升级（S₄、S₅、S₆、O₇）	
6.中国 14 亿人口 4 亿中等收入群体的成为世界最大消费市场。水族业 2019 年产值约千亿元	4.利用规模经济及成本优势，研发更多大众消费市场的产品（S₁、S₂、S₄、S₅、S₆、S₇、O₄、O₅、O₆、O₉）	
7.人工智能 5G、云计算、大数据技术与智能制造业的融合，智能家居市场复合增长率 21.4%	5.根据用户需求，强化品牌宣传力度，打造差异化品牌提高水族箱产品及 RS 品牌美誉度（S₄、S₆、O₆、O₉）	
8.电商年增长率 23.9%，为公司销售模式转型带来机会 9.水族行业 2011-2018 销售增长率平均 17.7%，好利	6.为中等收入群体，研发具个性化、差异化水族箱产品提高高端产品在销售中的比例（S₄、O₆）	
威胁（Threats）	ST 战略	
1.至 2019 年 5 月输美 2500 亿商品加税 25%，使对美国出口占实体产值 60% 的 RS 公司利润率降低	1.利用越南的要素成本优势，将部分劳动密集及加税产品进行国际化转移（S₂、S₃、S₇、T₁、T₂、T₄、T₆）	
2.老年抚养比 16.8%，老龄化加剧，招工难问题凸显	2.利用财务优势及研发实力，加大研发投入，转变新旧与高中低端产品结构，体现产品价值（S₂、S₄、T₃）	
3.现有企业间的价格、质量、市场竞争日益激烈		
4.人口红利渐失，原材料成本上涨，生产要素成本上使 RS 公司低成本制造不再具有持续竞争优势	3.转变人才结构，扩大研发及销售队伍比例，培养创新人才及工程师文化，增加中高端人才，掌控价值链微笑	

兰州大学硕士学位论文　作者：王胜利　　　　　　　　　　　　RS 公司水族箱业务竞争战略研究

5.世界经济将低速增长，出口导向必须转向内需扩大对出口占 90% RS 公司销售模式转型带来巨大挑战	两端，体现价值创造，从利用人口红利转向人才红利（S₂, S₃, S₄, S₆, T₂, T₃, T₄）
6.进入东南亚具备要素成本优势的企业为潜在竞争者	

$(S_2, S_3, S_4, S_6, T_2, T_3, T_4)$

续表 5-5 深圳 RS 公司水族箱业务 SWOT 矩阵

	劣势（Weaknesses）
S W O T 要素	1.销售方面过渡依赖占销售总额 60%美国市场，利润率降低，风险加大
	2.国内销售额不足 10%，电商销售额不足 1%
	3.产品同质化严重，差异化不足，智能水族箱器材产品开发滞后
	4.公司材料成本增加，2018 年人工成本占销售额的 20%，人工成本是 2007 年的 5 倍
	5.品牌战略模糊，RS 水族品牌美誉度有待提高
	6.人力资源战略与国际化大环境不匹配
	7.生产自动化 19%偏低，生产智能化基本欠缺
机会（Opportunities）	**WO 战略**
1.2019 年减税降费 2 万亿元政策，为公司降税费 500 万	1.有效利用现代科技，利用电商等营销渠道，招募专业电商人才，提升国内水族箱产品市场份额（W₁, W₂, O₇, O₈）
2.5 年超过 6 万亿美元贸易额的"一带一路"战略，为公司国际化战略带来机会	
3.至 2025 年迈入制造强国的"中国制造 2025"政策，为公司向中高端智造升级带来机遇	2.充分进行市场与需求调研，加大研发资金投入，加强新产品立项管理，打造差异化产品（W₃, O₆, O₇）
4.居民可支配收入增速快，带来水族箱业务的增长	3.与外部咨询机构合作，加强 HR 管理，完善培训体系、绩效考核体系、薪酬体系、职业生涯规划建设，实现与公司战略动态匹配（W₆, O₉）
5.40 年城镇居民居住面积快速提高，城市化的加速，带来水族箱业务需求的增长	
6.中国 14 亿人口 4 亿中等收入群体的成为世界最大消费市场，水族业 2019 年产值约千亿元	4.与外部设计机构与专业咨询机构合作，完善公司品牌战略制定、选择与实施的管理（W₅, O₈, O₉）
7.人工智能 5G、云计算、大数据技术与智能制造业的融合，智能家居市场复合增长率 21.4%	5.利用 AI、5G、云计算、大数据技术，采用战略联盟方式，加大智能水族箱器材产品研发力度，提升产品智能化程度，提高竞争力（W₃, O₇, O₉）
8. 电商年增长率 23.9%，为公司销售模式转型带来机会	
9.水族行业 2011-2018 销售年增长率 17.7%，趋势利好	
威胁（Threats）	**WT 战略**
1.至 2019 年 5 月输美 2500 亿元商品加税 25%，使对美出口占实体产值 60%的 RS 公司利润率降低	1.加强与外部自动化及智能化设备公司合作，提高公司自动化及智能化水平（W₇, T₂, T₃, T₄, T₆）
2.老年抚养比 16.8%，老龄化加剧，招工难问题凸显	2.采用国际化战略，利用东南亚国家的优势要素成本优势，运用本地化原则，利用本地化员工，采用本地化采购与管理（W₄, T₄, T₆）
3.现有企业间的价格、质量、市场竞争日益激烈	
4.人口红利渐失，环保监管趋严，生产要素成本上升，使 RS 公司低成本制造不再具有持续竞争优势	3.进行公司战略转型，加强风险管理，逐步降低

31

兰州大学硕士学位论文 作者：王胜利   RS 公司水族箱业务竞争战略研究

5.世界经济将进入低速增长，出口导向必须转向内需扩大，国内市场是 RS 公司销售的短板	美国市场份额，扩大国内市场份额，出口导向转为内需扩大导向（W_1, W_2, T_1, T_5）
6.进入东南亚具备要素成本优势的企业为潜在竞争者	

将 SWOT 矩阵中制定的战略方案进行整理后发现，可分为差异化战略、集中化战略、成本领先战略三类，如表5-6 所示。

表 5-6 深圳 RS 公司水族箱业务备选战略分类统计表

战略归类	序号
差异化战略	SO1 SO2 SO3 WT1 ST2 ST3 WO1 WO2 WO3 WO4 WO5 SO2 SO5 SO6
集中化战略	SO4 WT3
成本领先战略	ST1 WT2

批注 [J94]：对 SWOT 矩阵中制定的战略方案进行整理，将其归纳为三种一般竞争战略，列表展示，为下文战略决策打下基础。

5.3 水族箱业务竞争战略的选择

5.3.1 水族箱业务竞争战略 QSPM 矩阵

表 5-7 深圳 RS 公司水族箱业务定量战略计划矩阵（QSPM 矩阵）

关键外部因素	权重	成本领先战略		差异化战略		集中化战略	
		AS	TAS	AS	TAS	AS	TAS
机会（Opportunities）							
1. 2019 年减税降费 2 万亿元政策，为公司降税费 500 万元	0.09	4	0.36	3	0.27	2	0.18
2. 5 年超过 6 万亿美元贸易额的"一带一路"战略，为我国国际化战略带来机会	0.06	4	0.24	3	0.18	2	0.12
3. 力争 2025 迈入制造强国的"中国制造 2025"政策，为公司向中高端智造升级带来机遇	0.05	2	0.1	4	0.20	3	0.15
4. 中国居民可支配收入增速快，带来水族箱业务的增长	0.06	2	0.12	4	0.24	3	0.18
5. 40 年城镇居民居住面积快速提高，城市化的加速，带来水族箱业务需求的增长	0.06	2	0.12	4	0.24	3	0.18
6. 中国 4 亿中等收入群体的成为世界最大消费市场，零售消费 5.8 万亿美元，水族业规模千亿元	0.06	3	0.18	4	0.24	2	0.12
7. AI、5G、云计算、大数据技术与智能制造业的融合，智能家居市场复合增长率 21.4%	0.05	2	0.1	4	0.20	3	0.15
8. 电商 2018 年零售额 9 万亿元，年增长率 23.9%	0.04	4	0.16	2	0.08	3	0.12
9. 水族行业 2011-2018 年销售增长率年平均 17.7%	0.11	3	0.33	4	0.44	2	0.22
威胁（Threats）							
1. 至 2019 年 5 月输美 2500 亿元商品加税 25%，使对美出口占实体产值 60%的 RS 公司利润率降低	0.1	2	0.2	4	0.40	3	0.30

批注 [J95]：QSPM 矩阵是战略决策的主要工具。

批注 [J96]：在 QSPM 矩阵中进行决策的，一定是针对同一层级、同一类型战略的互斥方案，切忌将不同层级、不同类型、不互斥的战略方案放到同一个 QSPM 矩阵中进行决策。

批注 [J97]：在 QSPM 矩阵中，对不同的战略方案应给出不同的吸引力分数，如果分数一致则无法体现方案之间的差异，比较就没有了意义，则可不对此项进行评分，否则就是用错了方法。

32

2. 老年抚养比 16.8%，老龄化加剧，招工难问题凸显	0.06	2	0.12	4	0.24	3	0.18
3. 现有企业间的价格、质量、市场竞争日益激烈	0.1	2	0.2	4	0.40	3	0.30
4. 人口红利渐失，原材料成本上涨，生产要素成本上升，使 RS 公司低成本制造不再具有持续竞争优势	0.08	2	0.16	4	0.32	3	0.24
5. 世界经济将进入低速增长，出口导向必须转向内需扩大，国内市场是 RS 公司销售的短板	0.04	2	0.08	4	0.16	3	0.12
6. 进入东南亚具备要素成本优势的企业为潜在竞争者	0.04	4	0.16	2	0.08	3	0.12

续表 5-7　深圳 RS 公司水族箱业务定量战略计划矩阵（QSPM）

关键外部因素	权重	成本领先战略		差异化战略		集中化战略	
		AS	TAS	AS	TAS	AS	TAS
优势（Strengths）							
1.公司六个大型工厂、超 100000 平米的园林式厂房，6070 多种配套现代化机器设备、实验检测仪器	0.08	4	0.32	3	0.24	2	0.16
2.财务资源优势，5 年平均净资产收益率 13.74%，客户账期 60 天内，供应商账期平均 120 天，现金流良好	0.11	2	0.22	4	0.44	3	0.33
3.水族箱标准制企业，5230 种管理及技术标准系统的组织管理能力体系，有效的组织架构	0.09	3	0.27	4	0.36	2	0.18
4.研发创新能力：375 项专利，5 年 629 种新品上市，1000+种产品，产品组合具优势，具协同效应	0.08	2	0.16	4	0.32	3	0.24
5.生产制造能力强：年开新模 363 套，水族箱体 90 万，水泵 513 万，气泵 880 万，标准柜 3902 个	0.06	4	0.24	3	0.18	2	0.12
6.公司沉淀了 37.1%具竞争价值的技术及管理人才	0.06	2	0.12	4	0.24	3	0.18
7.质量管理优势：2019 年客诉 12 次，验货退货 3 批次	0.07	2	0.14	4	0.28	3	0.21
8.商誉、文化、员工忠诚度等无形资源优势，600 多套公司安居房解决了骨干员工免费居住问题	0.05	2	0.1	4	0.2	3	0.15
劣势（Weaknesses）							
1.销售依赖销售额 60%美国市场，利润率降低	0.07	2	0.14	4	0.28	3	0.21
2.国内销售额不足 10%，电商不足 1%，BTB 风险加大	0.06	1	0.06	3	0.18	2	0.12
3.产品同质化严重，智能水族箱产品开发滞后	0.07	2	0.14	4	0.28	3	0.21
4.公司材料成本增加，人工成本占销售额的 20%	0.06	1	0.06	3	0.18	2	0.12

5.品牌战略模糊，品牌知名度及美誉度有待提高	0.05	2	0.1	4	0.20	3	0.15
6.人力资源管理与国际化大环境不匹配	0.04	2	0.08	4	0.16	3	0.12
7.生产自动化 19%偏低，生产智能化基本欠缺	0.05	2	0.1	4	0.20	3	0.15
总计	2.00		4.88		7.43		5.33

5.3.2 水族箱业务竞争战略选择

上表数据源于专家问卷，根据表 5-7 定量战略计划矩阵分析，三种竞争战略的吸引力总得分别为：成本领先战略 4.88 分，集中化战略 5.33 分，差异化战略 7.43 分。差异化战略吸引力分数最高，所以深圳 RS 公司水族箱业务的优选战略为差异化竞争战略。

············

> 批注［J98］：一般情况下，QSPM 矩阵中得分最高的战略方案即为最终选择的战略。在矩阵后应对此进行简要总结和说明。

兰州大学硕士学位论文　作者：王胜利　　　　　　　　　　　　　　　RS 公司水族箱业务竞争战略研究

第六章　RS 公司水族箱业务竞争战略的实施与控制

批注［J99］：给出战略实施、实施保障和战略控制的主要措施。

6.1 水族箱业务竞争战略的实施措施

水族箱业务差异化竞争战略实施应遵循价值创造性、创新性、盈利性、差异明显性、消费者可接受性、不易模仿性 6 原则。差异化竞争战略实施措施主要体现在四个差异化，即产品差异化、服务差异化、渠道差异化、品牌差异化[11]。

批注［J100］：差异化战略一般从这四个方面体现，如何在这四个方面实现差异化是本章的重点，也是论文的核心，因为这是解决问题的关键，如果这部分写得空洞无物，或者都是"正确的废话"，论文就不合格。

图 6-1　RS 公司实施差异化竞争战略的四个途径

6.1.1 产品差异化

深圳 RS 公司在新产品研究开发方面具备一定的行业实力与竞争力，具备实现产品差异化的行业竞争优势，应采取以下措施实施产品差异化：

1.通过微创新、产品迭代，实现产品差异化持续升级

公司完整的水族箱产品有三个层面："核心产品"[12]，水族箱产品为消费者提供的基本的观赏养殖身心愉悦等用途，体现产品的核心价值；"形式产品"[12]，水族箱产品的外部形式，如外观美观度、款式新颖度、质量、重量、容量等；"附加产品[12]"指水族箱产品的附加价值，如售后服务、承诺价值、身份象征等。利用微创新对形式产品、附加产品进行产品迭代，能够实现迭代创新的产品差异化。

公司有效改善提案目标为每月 60 件，将成立专业评优小组，每个月对改善提案进行优选，根据价值创造及创新度评选出一、二、三等奖，分别给予 500 元、1000 元、2000 元的物质奖励，并颁发荣誉证书进行精神鼓励，对微创新与产品迭代给予配套激励制度的支持。

2.有效利用差异化产品设计工具 QFD 模型

与"LY 集团"咨询机构合作，对研发设计工程师进行系统培训与考核，利用"质量机能展开 QFD 模型"[40]，设计开发体现价值创造的差异化产品。针对消费群体的需求，从 Q、C、D、F、S、E 即质量、成本、交期、柔性、服务、环境等方面不同的价值主张（参阅附录 D "RS 5G 换水鱼缸开发需求创新设计"

QFD 模型），体现出新产品设计开发中的创新与价值创造。

3. 借助外部资源，实现形式产品差异化升级

公司与"LKK 创新设计集团"及"H 品牌设计公司"等单位合作，通过技术协议方式，对外观设计产品给予 4000 元至 25000 元/款产品的价格进行付费合作，对包装设计的升级通过对原视觉系统 AIS 进行设计升级，借助第三方将部分形式产品外观及包装设计业务进行外包，达成形式产品设计差异化升级。

4. 利用现代颠覆性技术，开发智能化、差异化产品

通过与相关公司合作，利用 AI、5G、云计算、"大数据技术"[41]，采用战略联盟方式，加大智能水族箱器材产品研发力度，提升水族箱智能化程度，提高智能化产品比例，实现新产品收入占比 45%的五年目标。

实现水族箱器材之箱体模块、过滤模块、增氧模块、温控模块、水质检测模块等各单一功能模块系统整合，利用智能传感器，以手机 APP 为人机互动界面，实现智能家居之水族箱智能化升级，实现智能硬件与软件的有机融合，实现产品差异化创新。公司成立项目小组，基于专利数量与价值，对创新产品进行评优。

表6-1 深圳RS公司产品差异化实施计划

> 批注 [J101]：战略实施的每一部分，都应在文字陈述之后以表格方式呈现具体实施措施，完整表达出 4W2H1IT，这就是具体的、可操作的计划。

实施方案	具体措施	跟进人	计划时间	资源支持	风险控制
通过微创新及产品迭代，实现产品差异化	1.对常规水族箱进行产品迭代 2.成立改善评选小组，每月评优 3.每月改善目标60件	项目小组负责人	2020年开始每月10日前评奖	月财务预算20000元	总经办监督每季度进行总结评估
运用QFD设计工具，实现小型自动换水缸产品设计差异化	1.QFD设计工具的培训与掌握 2.年度实现3G、5G、6G、8G、10G小型自动换水缸的设计，后推广 3.体现Q、C、D、F、G的价值创造	工程研发负责人	1年完成小型换水缸设计逐年推广	每款新设计产品奖2000元至5000元	新产品立项小组监督，每半年进行总结评估
与LKK及JH公司合作，实现形式产品设计差异化	1.签订合作合同 2.对新立项产品进行外观设计 3.对原VIS进行多品类扩充，对原设计风格进行升级	总经办签订协议项目小组负责跟进	2020年始前期三年合作目标	新产品外观设计25000元每款付费	新产品立项小组监督，每半年进行总结评估
利用现代技术，实现智能水族箱差异化设计	1.与"AB公司"进行虚拟合作 2.实现20G/30G/32G/40G等高端水族箱的智能化设计 3.开发智能APP软件系统	工程研发负责人	智能化新产品5年目标收入占比45%	专利奖2000-10000重大项目奖30000元	总经办监督每半年进行风险评估

6.1.2 服务差异化

…………

6.1.3 渠道差异化

…………

6.1.4　品牌差异化

………………

6.2　水族箱业务竞争战略的实施保障

6.2.1　人力资源管理

人力资源差异化是实施RS水族箱业务差异化战略的基础与核心保障。与外部咨询机构合作，完善人力资源规划，完善人力资源管理制度，调整组织架构，完善薪酬与绩效考核体系，完善职业生涯规划建设，完善培训体系，实现与公司发展战略及差异化竞争战略的动态匹配。具备前瞻性、竞争性的人力资源战略是实现差异化的最重要的隐形动力源。

1.人力资源规划的完善

重点完善组织结构、岗位职能结构、关键员工数量比例结构、人力资源晋升规划等。（1）针对公司战略动态制定滞后，与"深圳KS"等外部战略咨询机构合作，成立公司战略委员会，长远及动态的制定、选择、实施及控制公司的各层次战略。（2）完善公司人力资源管理制度，从系统层面完善人力资源管理。（3）遵照"因事设岗"的岗位设计原则，根据公司的动态发展，优化关键岗位人才结构，提升研发设计人才、智能制造人才、电商人才、AI人才、营销人才等中高级技术人才比例，提升专业管理人才、运营人才、财务人才、战略规划人才比例，培育工程师文化，创新与研发人员比例五年目标由8.3%提升至20%，实现由人口红利向人才红利的战略升级。

2.薪酬体系及绩效考核体系的完善

结合"LT"等外部专家方案、参照行业标准，提升重点及骨干员工薪酬标准，完善员工能力素质评价体系，注重"金钱激励"与"精神激励"相结合[44]，体现动态激励，打造具吸引力及竞争力的薪酬体系及绩效考核体系，提升员工的持续工作动力与员工满意度，五年目标实现员工满意度由88%提高至95%。

3.员工职业生涯规划建设的完善

做好员工职业生涯规划，保障企业人才技能提升，适应战略动态发展需求，促进员工职业与人生长远发展，提升员工忠诚度。通过提升员工对职业生涯规划的认识，匹配公司战略目标，结合员工自身性格、专业、能力、素养、工作匹配度、工作目标，借助专家指导，规划员工职业通道，设计阶段目标，确定清晰长远的职业生涯规划。五年目标实现公司四级以上员工职业生涯规划100%全覆盖。

4.培训体系与制度的完善

根据员工工作及成长需求，适应行业与RS公司战略发展，采用内部培训、外部培训、线上学与线下练、教练带、工作实践、轮岗体验等多种培训方式，尤其注重师傅带徒弟的方式，用最优秀的人培养更优秀的人，四级以上管理及技术

兰州大学硕士学位论文　作者：王胜利　　　　　　　　RS 公司水族箱业务竞争战略研究

员工采用接班人制度，完善培训体系的建设，创建学习型组织，通过培训教育，增长进取精神，提高员工素质[45]，为公司长远发展培育高质量人才。

　　培训实施的保障，需要高层高度重视，完善课程培训体系，提供高质量培训师资队伍，规范培训制度，加强培训的过程监督与结果考核，不断进行培训后总结，注重培训效果落地验证。培训课程体系，针对骨干人员即公司关键研发人才、技术人才、管理人才、复合人才，多借助外部智力资源如"HD 学园"、"深圳工会"、"井冈山大学"、"KS 咨询"等机构进行组织合作，开发创新型课程体系。五年目标实现有效培训时长 300H 每年，培训计划达成率 98%。

表6-5　水族箱业务差异化战略人力资源保障计划

> 批注［J102］：战略实施的保障措施和实施措施一样，需要具有可操作性。

保障方案	保障措施	跟进人	计划时间	资源支持	风险控制
人力资源规划的完善	1.与外部战略咨询机构深圳KS合作，成立公司战略委员会 2.系统性完善公司人力资源管理制度 3.优化关键岗位人才结构，提升中高级技术人才比例，培育工程师文化 4.创新研发人员五年目标由8.3%至20%	人力资源部咨询机构	2020完成保障措施1及2五年规划完成措施3及4	最高层及配套财务支持	总经办监督每半年进行总结评估
薪酬体系与绩效考核体系的完善	1.与"LT"等外部专家合作，完善重点及骨干员工薪酬标准体系 2.完善员工素质评价与绩效考核体系 3.五年员工满意度目标由88%提高至95%	人力资源部外部专家	2020完成保障措施1及2，五年规划完成措施3	最高层外部专家协助支持	总经办监督每半年进行总结评估
员工职业生涯规划建设的完善	1.借助专家完善职业生涯规划的培训 2.制定与战略相匹配的职业生涯规划 3.五年目标，实现公司四级以上员工职业生涯规划100%全覆盖	人力资源部外部专家	2020年完成保障措施1，五年规划完成措施2及3	最高层外部专家协助支持	总经办监督每年进行总结评估
培训体系与制度的完善	1.完善培训制度，创建学习型组织 2.采用内训、外训、线上学、线下练、教练带、实践用等多种培训方式 3.完善课程培训体系，多借助外部智力资源如HD学园、深圳工会、井冈山大学、KS咨询等机构进行组织合作	人力资源部外部培训机构	五年目标实现有效培训时长300H每年，培训计划达成率98%	最高层外部专家财务支持	总经办监督每季度进行总结评估

6.2.2 研究开发管理

．．．．．．．．．．

6.2.3 生产质量管理

．．．．．．．．．．

6.2.4 市场营销管理

．．．．．．．．．．

兰州大学硕士学位论文　作者：王胜利　　　　　　　　　　RS公司水族箱业务竞争战略研究

6.2.5 品牌战略管理

…………

6.3 水族箱业务竞争战略实施控制

批注 [J103]：战略实施的控制措施是战略方案能够顺利实施的重要保证，必不可少，同样要具有可操作性。

6.3.1 深圳 RS 公司平衡计分卡框架

深圳 RS 公司水族箱业务差异化战略实施的过程控制，使用动态控制的平衡计分卡工具，对企业的短期与长期业绩、外部与内部业绩、财务与非财务业绩及不同利益相关者进行评价，对四类关键因素进行平衡，强化对企业绩效的评价，强化对战略实施中的风险控制。

批注 [J104]：平衡记分卡是常用的战略绩效评价工具，也是对战略实施情况进行控制的有效工具。

1996 年卡普兰（Kaplan）和诺顿（Norton）的《平衡计分卡：化战略为行动》一书标志平衡计分卡理论的确立。它从财务角度、顾客角度、内部流程角度、创新和学习角度平衡战略业绩，它关注并评价企业员工需要什么样的学习、成长、创新、变革能力，创建匹配的运营流程，创建卓越的战略优势和效率，满足市场需求，为顾客提供独特价值，最终为股东创造更高的价值回报[49]。

财务角度，主要关注企业为股东带来多少经济价值及企业的财务指标。

顾客角度，主要关注为满足顾客需求应对客户提供什么样的价值创造。

内部流程角度，主要关注哪些流程卓越才能实现关键的客户和财务目标，关注企业在哪些流程上表现优异才能实现企业的战略。

创新与学习角度，关注企业如何建立有效的学习型组织，提升员工的关键能力，改善提高内部运营流程，打造高绩效团队，提高员工工作积极性和忠诚度，提高解决问题的能力，实现企业发展与员工能力共同成长，最终为客户创造独特价值，为股东带来高额回报。

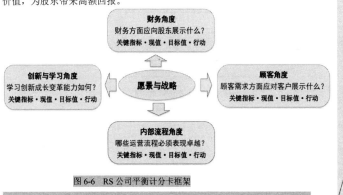

图 6-6 RS 公司平衡计分卡框架

资料来源：根据卡普兰，诺顿《平衡计分卡：化战略为行动》整理，广东经济出版社。

批注 [J105]：在进行论文格式编辑时，应注意避免出现这样的情况：即图的主体内容与图名和标注不在同一页，这非常不美观。可通过调节图的大小、正文行距大小等方式，将图、图名、标注放到同一页。

6.3.2 深圳 RS 公司水族箱业务竞争战略地图

绘制深圳 RS 公司水族箱业务竞争战略的战略地图，如图 6-7。

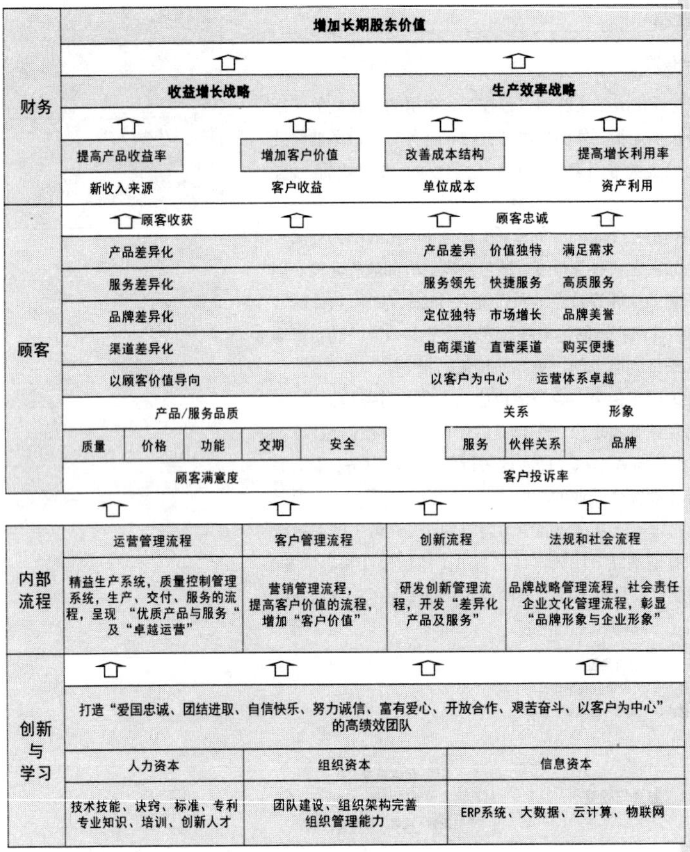

图 6-7 深圳 RS 公司水族箱业务竞争战略地图

资料来源：根据 RS 公司相关资料分析整理

6.3.3 深圳 RS 公司水族箱业务竞争战略 KPI 指标

制定深圳 RS 公司水族箱业务竞争战略的 KPI 考核指标体系，如表 6-8。

表 6-8　水族箱业务竞争战略 KPI 指标

视角		关键评价指标	2018	2019	2020	2021	2022	2023
财务角度	核心指标	净资产收益率 %	15.5	17	19	20	21	22
		销售净利率 %	7.18	9	10	11	12	13
		总资产周转率	1.79	1.9	2	2.1	2.2	2.3
		权益乘数	2	2	2	2	2	2
	盈利能力	主营毛利率 %	25	27	29	30	31	32
		新产品收入占比 %	20	25	30	35	40	45
		期间费用 %	16.64	≤16	≤15	≤14	≤13	≤12
	运营能力	应收账款周转率	13.3	16	18	20	21	22
		存货周转率	9.4	10	11	12	13	14
		总资产报酬率 %	7.8	9	10	10	10	10
	偿债能力	流动比率	1.01	1.1	1.2	1.3	1.4	1.5
		速动比率	0.95	1	1.1	1.2	1.3	1.4
		资产负债率 %	50	50	50	50	50	50
		利息保障倍数	22.9	24	25	26	27	28
	成长能力	主营收入占比 %	90	90	90	90	90	90
		净利润增长率 %	5	6	7	8	9	10
顾客角度		顾客满意度 %	90	91	92	93	94	95
		国内市场增长率 %	10	15	17	19	21	23
		客户投诉次数（次）	21	≤18	≤15	≤12	≤9	≤6
		品牌美誉度（基于专家问卷）	2	3	3	4	4	4
内部流程角度		成本控制（基于专家问卷）	3	3	4	4	4	4
		研发专利（件）	375	400	450	500	550	600
		40 尺柜交货时间（天）	45	40	35	30	25	20
		质量抽检合格率 %	99.9	99.92	99.93	99.94	99.65	99.96
		劳动生产率（万/人/年）	51	55	60	65	70	75
		自动化比例 %	19	25	31	38	43	50
		管理能力（基于专家问卷）	4	4	4	4	4	4
创新与学习角度		员工满意度 %	88	90	91	92	93	95
		新产品销售增长率 %	10	15	20	20	20	20
		创新研发人员占比 %	8.3	11	13	15	17	20
		培训计划达成率 %	90	92	94	96	97	98
		创意改善提案（件数/月）	50	55	60	65	70	70

> 批注 [J106]：制定具体的考核指标是使得战略控制方案可操作的重要手段。

第七章　结论与展望

7.1 主要结论

> 批注 [J107]：对全文的研究结论进行简要总结。

　　本论文以深圳 RS 公司水族箱业务竞争战略为研究主题。主要研究方法为文献研究法、调查研究法、统计分析法。搜集整理历史的、现实的有关水族箱及竞争战略管理的文献资料主要采用文献研究法；对企业现存问题与现状的调查、CPM 分析等主要采用问卷调查法、访谈法、文献研究法；在此基础上，运用演绎法与归纳法对大量数据资料进行定量与定性的分析。主要研究工具为 PEST 模型、CPM 矩阵、BCG 矩阵、EFE 矩阵、IFE 矩阵、SWOT 矩阵、QSPM 矩阵。理论基础为企业战略管理理论、竞争战略理论、波特五力模型、产品生命周期理论等相关战略理论。

　　本文主体部分对 RS 公司水族箱业务所处的外部宏观环境、行业市场环境及企业内部环境进行了具体的分析；对关键外部因素进行权重赋值，量化外部机会与威胁，加权分数 2.88 分，说明企业可以有效利用机会规避威胁；对关键内部因素进行权重赋值，量化内部优势与劣势，加权分数 2.73 分，说明优势较为突出；对机会、威胁、优势、劣势进行组合分析，制定备选战略；运用 QSPM 矩阵对备选战略进行优选，确定"差异化竞争战略"是 RS 公司水族箱业务应采取的优选竞争战略。

　　为保证"差异化竞争战略"的实施，提出了产品差异化、服务差异化、渠道差异化、品牌差异化的 4 个实施措施；接着提出了与之相匹配的人力资源、研究开发、生产质量、市场营销、品牌战略 5 个职能战略的实施保障措施；最后利用平衡计分卡提出了动态战略控制措施，有助于深圳 RS 公司水族箱业务保持持续的竞争优势。

7.2 研究展望

> 批注 [J108]：坦陈本文的研究不足与局限，展望未来的研究。

　　论文研究成果对 RS 公司水族箱业务的竞争战略制定与实施具有实践指导意义，对同类型水族出口企业及类似企业有实践借鉴意义。但囿于时间及视角，本论文在研究过程中还存在一定的局限性，期望在未来进行更加深入的研究。

　　1.本文主要基于国内市场进行了调查分析，但在全球化进程中，国际市场存在很多潜在竞争者，可能有所忽视。

　　2.调查数据基于现有样本，可能存在偏差，二手数据也可能存在统计口径的偏差。

　　3.伴随社会的发展、技术的进步，环境的不确定性和多变性日益增加，战略理论的丰富性、复杂性和动态性也随之发展，而本文应用的竞争战略理论存在一定的基础性假设条件，可能导致研究成果存在一定历史局限性。

参考文献

> 批注 [J109]：参考文献要注意
> 格式规范。

[1] 王德芬.让水族进入千家万户-水族产业有关问题的思考[J] .中国水产，2010（04）：1-8

[2] 国家统计局.年度数据[DB/OL]. http: //data.stats.gov.cn/2020-2-28

[3] 深圳 RS 实业有限公司网[DB/OL] .http: //www.resun-china.com/page/id-3.html

[4] 国际金融与经济研究中心[DB/OL] . http: //cifer.pbcsf.tsinghua.edu.cn

[5] 贾旭东.现代企业战略管理思想、方法与实务[M].北京：清华大学出版社，2018

[6] 孙武.孙子兵法[M].北京：中华书局，2009

[7] （美）弗雷德·R.戴维.战略管理（第 13 版）[M].赵丹，译.北京：清华大学出版社，2013

[8] （加）亨利·明茨伯格等.战略历程[M].魏江，译.北京：机械工业出版社，2012

[9] （美）迈克尔·波特.竞争战略[M].陈丽芳，译.北京：中信出版社，2014：3-27

[10] （美）迈克尔·波特.竞争优势[M].陈丽芳，译.北京：中信出版社，2014：5

[11] （USA）Fred R. David，Forest R. David. Strategic Management Concepts and Cases: A Competitive Advantage Approach（16th Edition）[M].Beijing, Tsinghua University Press, 2018

[12] 雷亮，苏云.市场营销学：理论、实践与创新[M].兰州：兰州大学出版社，2012：183-187, 203-204

[13] 贺宇航.名雅水族设备公司产品组合策略研究[D].武汉：华中科技大学，2018

[14] 刘志鹏.观赏鱼缸智能水质管理系统设计与研究[D].广州：广东工业大学，2018

[15] 张枫沛.智能水族箱远程监控系统设计[D].成都：西南交通大学，2018

[16] 蓝海林.企业战略管理[M].北京：中国人民大学出版社，2015：36-79

[17] 李克强.政府工作报告[DB/OL]. http: //www.gov.cn/2019-3-5

[18] 中国一带一路网[DB/OL].https: //www.yidaiyilu.gov.cn/index.htm/2019-10-5

[19] 中国制造 2025 网[DB/OL]. http: //www.miit.gov.cn/2019-10-10

[20] 吴军.智能时代[M].北京：中信出版集团，2017

[21] 第 44 次中国互联网络发展状况统计报告[R].中国互联网信息中心，2019

[22] 2018 年中国家居市场研究报告[R].前瞻产业研究，2018

[23] [美]亚伯拉罕·马斯洛. 动机与人格（第三版）[M].许金声等，译.北京：中国人民大学出版社，2013

[24] 中国水族箱行业市场调查研究报告[R].北京千讯咨询，2019

[25] 塑胶行业网 http: //www.buyplas.com/2019-6-30

[26] [美]弗雷德里克·泰勒.科学管理原理[M].马风才，译.北京：机械工业出版社，2007

[27] 产业转移专题报告：东南亚能承接多少制造业？[R].光大证券，2019

[28] 森森集团股份有限公司网[DB/OL].https: //www.sunsuncn.com/gsjj

[29] 博宇集团有限公司网[DB/OL].http: //www.boyuaquarium.com/guanyuboyu

[30] 广东海利有限公司[DB/OL].http: //www.hailea.com/products.aspx

[31] 闽江水族有限公司网[DB/OL].http: //www.minjiang.com.cn/col.jsp?id=105

[32] 中国注册会计师协会.公司战略与风险管理[M].北京：经济财济出版社，2019

[33] 天眼查[DB/OL].https: //www.tianyancha.com/company/2320922504

[34] 张新民.从报表看企业（第 3 版）[M]. 北京：中国人民大学出版社，2017

[35] 中国国家标准化委员会官网[DB/OL].http: //www.sac.gov.cn /2019-10-10

兰州大学硕士学位论文　作者：王胜利　　　　　　　　　RS公司水族箱业务竞争战略研究

[36] 中国专利信息网[DB/OL]. http://www.patent.com.cn/2019-10-5

[37] 陈国华，贝金兰.质量管理[M].北京：北京大学出版社，2018

[38]（美）菲利普·科特勒，凯文·莱恩·凯勒.营销管理[M].何佳讯，于洪彦，牛永革，徐岚，董伊人，金钰，译.上海：格致出版社，2017（15）：355-360

[39] 万红波.企业财务报表分析[M].兰州：兰州大学出版社，2017

[40] 熊伟.质量机能展开[M].北京：化学工业出版社，2005

[41]（英）维克托·迈尔-舍恩伯格，肯尼思·库克耶.大数据时代[M].盛杨燕，周涛，译.杭州：浙江人民出版社，2017

[42] 斯蒂芬·罗宾斯，蒂莫西·贾奇.组织行为学[M].孙健敏，王震，李原，译北京：中国人民大学出版社，2017：272-279

[43]（美）艾·里斯，杰克·特劳特.定位：争夺用户心智的战争[M].邓德隆，火华强，译.北京：机械工业出版社，2017

[44] 陈春花.管理的常识[M].北京：机械工业出版社，2016：112-119.

[45] 周三多.管理学原理与方法[M].上海：复旦大学出版社，2018：311-317

[46] 陈威如，余卓轩.平台战略[M].北京：中信出版社，2018

[47] 马士华，陈荣秋，崔南方，周水银.生产运作管理[M].北京：清华大学出版社，2015：263-297

[48]（USA）Mary Munter Lynn Hamilton. Guide to Managerial Communication（10th edition）[M].Beijing，Tsinghua University Press，2016

[49]（美）罗伯特·卡普兰，大卫·诺顿.平衡计分卡：化战略为行动[M].刘俊勇，孙薇，王化成，译.广州：广东经济出版社，2013

[50]（韩）W.钱·金等.蓝海战略[M].吉宓，译.北京：商务印书馆，2005

兰州大学硕士学位论文　作者：王胜利　　　　　　　　　　RS 公司水族箱业务竞争战略研究

附录 A　CPM 矩阵专家问卷调查表

> 批注［J110］：问卷调查表一般列入附录。

水族箱业务竞争对手竞争态势分析（CPM）矩阵专家问卷调查表

关键因素	权重	RS		森森		博宇		海利	
		评分	加权	评分	加权	评分	加权	评分	加权
产品质量									
品牌美誉度									
财务状况									
管理									
价格竞争力									
成本控制									
销售与服务									
研发与技术									
市场份额									
合　计									
备　注									
专家评分规则	1.评分按进行竞争力比较，明显优势4分，一般优势3分，一般劣势2分，明显劣势1分；								
	2.加权分即权重与评分的乘积，反映出该公司关键因素单项的量化竞争力分数；								
	3.合计栏加权分则反映出该公司综合竞争力。								

…………

兰州大学硕士学位论文　作者：王胜利　　　　　　　　　　　　　RS 公司水族箱业务竞争战略研究

致　谢

> **批注 [J111]：** 致谢可自由表达，应真情实感，切忌出现称呼错误、错别字、标点错误、语句不通等任何问题。

　　时光流逝如水，转瞬间，已至毕业季。一年备考，三年读研，24 门课程，30 多次社会实践，20 多位面对面传道授业解惑的可敬名师，100 多名跨行业的可爱同学，数百本书籍，单科 8 门班级第一、总平均 92 分班级第一的考试成绩，一次次反复修正的论文……回眸兰大三年，仰望星空，脚踏实地，辛勤耕耘，学习管理，学习成功。借论文完稿之际，谨向支持、鼓励、帮助、磨砺我的老师同学家人同事表达诚挚谢意。

　　…………

▶▶ 附录3
■ 专业学位教育的相关文件

中华人民共和国学位条例

教育部关于进一步规范
工商管理硕士专业学位
研究生教育的意见

专业学位研究生教育发展
方案 （2020—2025）

GB/T 7714—2015
信息与文献 参考文献
著录规则

GB/T 7713.1—2006
学位论文编写规则

科研诚信案件调查
处理规则 （试行）